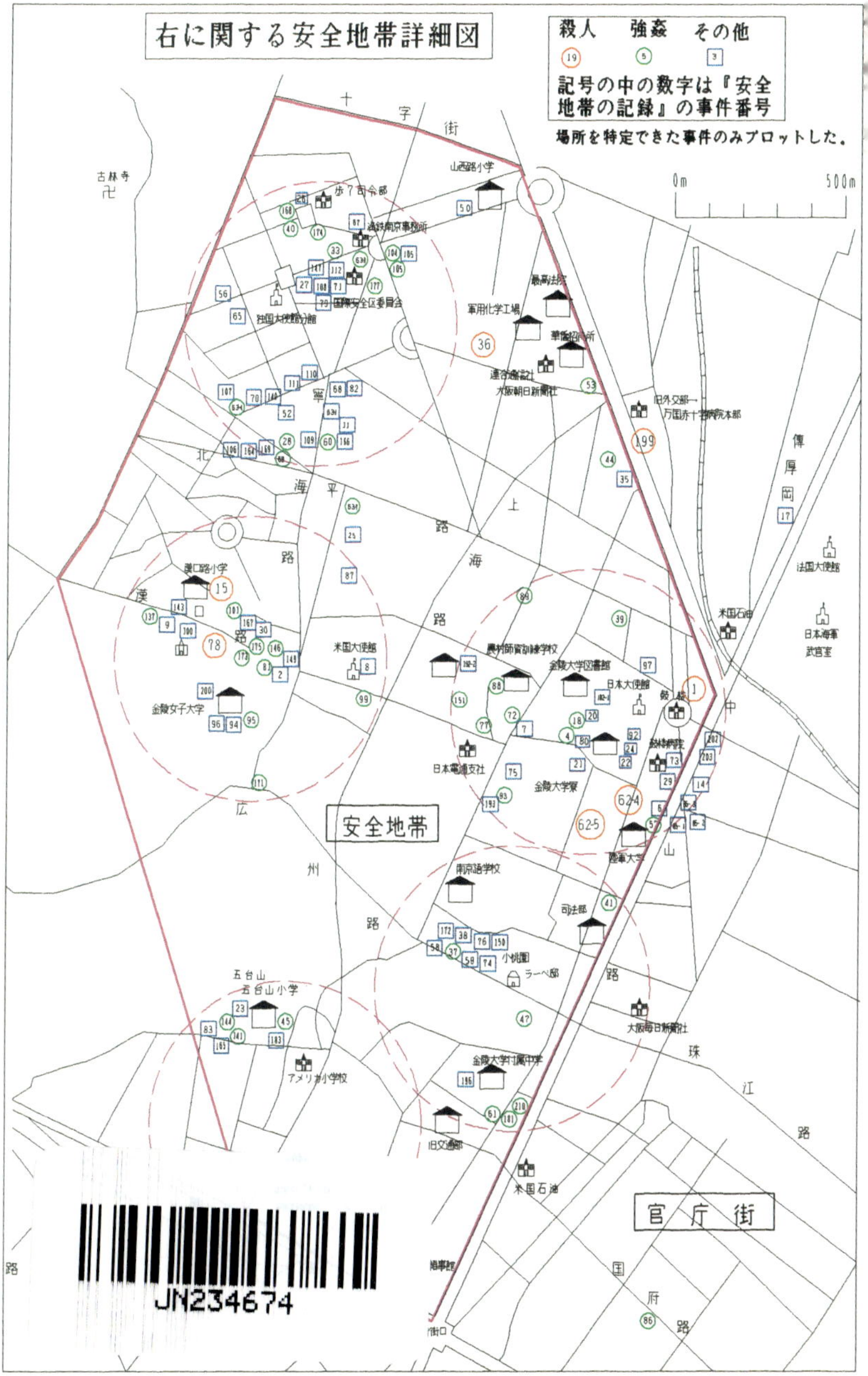
右に関する安全地帯詳細図
殺人　強姦　その他
記号の中の数字は『安全地帯の記録』の事件番号
場所を特定できた事件のみプロットした。
0m
500m
古林寺
十
字
街
山西路小学
歩７司令部
満鉄南京事務所
国際安全区委員会
独国大使館分館
最高法院
軍用化学工場
華僑招待所
連合通訊社
大阪朝日新聞社
旧外交部→万国赤十字病院本部
傳
厚
崗
法国大使館
米国石油
日本海軍武官室
北
海
平
上
路
海
路
漢口路小学
漢
路
米国大使館
農村師資訓練学校
金陵大学図書館
日本大使館
鼓楼
中
鼓楼病院
金陵女子大学
日本電通支社
金陵大学寮
陸軍大学
山
広
州
路
安全地帯
南京語学校
司法部
小桃園
ラーベ邸
路
五台山
五台山小学
アメリカ小学校
大阪毎日新聞社
珠
江
路
金陵大学付属中学
旧交通部
米国石油
官　庁　街
国
府
路
路
領事館
街口

南京事件の核心

データベースによる事件の解明

日本「南京」学会理事
冨澤繁信

浮き彫りになった南京事件の真実

亜細亜大学教授　東中野修道

本書は冨澤氏だったからこそできた、いや冨澤氏にしかできない研究であったと言っても、過言ではない。

南京虐殺という事件の真相は、まずは南京にいた人たちの、当時の発言を聞くのが一番だ。それを実行されたのが冨澤氏である。陥落当時、南京にいた日本人、アメリカ人、中国人の日記や、記録や、手紙に記されている見聞を、一つ一つ項目ごとに、しかも一日ごとに、見落としのないよう、データベースに入力されていった。それはページ数にして優に四千ページを越える文献からのデータ入力であった。時には研究会の会員にも入力作業をお願いされたが、それでも気の遠くなるような研究手法であった。

着手以来、三年が過ぎたと思われる。この間、私の研究室に、何度、新しい原稿が届けられたことか、数知れない。丁寧に、丹念に、研究されていく間に、次から次へと新しい発見が出てきたのである。こうして出来あがったのが本書である。

冨澤氏の研究は多くのことを浮き彫りにした。その一例を挙げれば、南京城内の安全地帯こそ南京事件の発端であり火種であったという、斬新《ざんしん》な説の提示であろう。

安全地帯とは非戦闘員のための非武装中立地帯であった。南京残留の欧米人が欧米人の住宅地域に設立し、欧米人の国際委員会が管理運営した。もし南京事件があったというならば、南京事件の現場は安全地帯しか考えられない、と冨澤氏は明言される。安全地帯の外や、城壁の外では、事件らしい事件もなかったことを、データベースが明示していたからである。

さらにデータベースは次のことをも示していた。事件が起きたという安全地帯のなかでは、笠原十九司『アジアの中の日本軍』（七六一頁）が主張するような、「南京残留組が外国人として唯一南京大虐殺を通して目撃した」という事件が皆無であったということをも。

南京残留の欧米人が南京「虐殺」を主張していることと、このデータベースが明示していることとは、矛盾している。その矛盾はどう考えればよいのか。

南京の欧米人が安全地帯における日本軍の「不法戦闘員の処刑」を「捕虜処刑」「市民虐殺」として宣伝した、それ以外には考えられないのである。それが南京事件という事件の核心ではなかったのか。

そのうえデータベースは次のことをも示した。国際委員会が日本大使館にほぼ毎日のように届けた「市民重大被害日報」の一日あたりの事件数と、国際委員会委員長のジョン・ラーベや、金陵女子大のミニー・ヴォートリンたちの個人的な日記や記録に出てくる一日あたりの事件数には、一つの大きな特徴があった。事件数は毎日平均して記録されていたのではなく、一九三七年（昭和十二）十二月十七日と翌年一月二十九日に事件が最も多発したかのように、この両日を最多発日として示していたのである。

この異様な突出を示すデータを、冨澤氏は次のように解釈している。

つまり十二月十七日という日は日本軍の入城式の日であった。国際委員会は日本軍の入城によって「安全地帯は地獄になった」と主張し証明せんがため、恣意的に事例を集めたからである、と。

また一月末から二月初めは、日本軍が市民に安全地帯を出て元の住宅に戻るよう安全地帯解消作戦を展開し始めた頃である。これにたいして国際委員会は「安全地帯こそ天国」であり、日本軍が市民を帰そうとしている安全地帯の外は地獄だと主張し、それを証明せんがため、どんな事例でも収集したからである、と。

二月上旬からデータベースの示す事例数は限りなくゼロに接近し、やがて南京の事件も終息していく。それは安全地帯における国際委員会の風聞収集能力が安全地帯の消滅とともに無力化したからだと、冨澤氏は解釈する。

長い間、データベースを見つめてこられただけあって、冨澤氏の解釈には説得力がある。実証的なのである。

本書は、南京にいた人たちの当時の主張を、いつ、どこで、何があったかを、あらゆる角度から浮き彫りにした、唯一の書である。このデータベースを素通りにして、南京の安全地帯で虐殺があったと主張することはできなくなった。

目次

南京事件の核心

データベースによる事件の解明

第三編　「南京事件」の報道

第四篇　「南京事件」胚胎の温床としての市民生活

はしがき

日本人の八十パーセント以上の人は「南京事件」は事実であり、中国人に対する暴虐事件として、日本の歴史の上で汚点をなすものと思っている。ところが、その内容となると漠然としたものであって、実情を把握している人は少ない。

そこで日本の代表的な辞書である『広辞苑』を見てみよう。

岩波書店によると『広辞苑』はこれまで次のように第五版まで発行されている。

一、一九五五年五月二十五日の第一版
二、一九六九年五月十六日の第二版
三、一九八三年十二月六日の第三版
四、一九九一年十一月十五日の第四版
五、一九九八年十一月十一日の第五版

この各々の版の「南京事件」の記述の仕方には変化があって、国民の「南京事件」に対する関心の変化が窺われる。

第一版は「南京事件」を次のように説明している。

「①一九二七年三月中華民国革命軍の南京入城にさいし、反帝国主義の革命軍の一部が日、英、米などの領事館に対して暴行したことによって惹起した事件　②一九三七年十二月、日中戦争中の日本軍が南京攻略の際に行なった暴行事件」

①の「南京事件」は我々が問題としている「南京事件」とは別の事件であって、それより十年前中国が漸く民族意識に目覚めた頃、蔣介石の革命軍が北伐の途中南京に攻め入ったとき、帝国主義諸国を憎しとして、中国軍が加害者となって、日本を始め各国の領事館に乱暴を働いた事件である（蔣介石の立場を悪くするための共産党の陰謀説が有力）。この時各国は揚子江に砲艦を派遣してこれに対抗しようとしたが、時の幣原外相は、中国宥和政策により、無抵抗主義を取ったため中国軍は日本を与し易しとして、かえって狼藉を働いた。このため、日本人の被害が大きくなり、幣原の「軟弱外交」として非難されることになった。

②の説明が我々の主題である「南京事件」であるが、一九五五年当時は①の事件の方が国民の関心を引いたようで、②の方が①の事件より小さく扱われている。

第二版（一九六九年）は第一版と変わらない。

第三版（一九八三年）は②の南京事件の説明の「暴行事件」という言葉が「大虐殺事件」という表現に変わるという大きな変化があったが、「大虐殺事件」の説明はない。

第四版（一九九一年）以後②の我々の主題である「南京事件」は「南京大虐殺」の項を見よと別立てになり、そこには次のような説明がなされている。

「日中戦争で南京が占領された一九三七年一二月前後に南京城内外で、日本が投降兵、捕虜および一般市民を大量に虐殺し、あわせて放火、略奪、強姦などの非行を加えた事件」

とある。すなわち、

一、事件の場所は南京城内外。
二、時は日本軍の南京城占領前後。
三、大量の虐殺が行なわれた。被害者は投降兵、捕虜および一般市民。
四、他に放火、略奪、強姦などの非行もあった。

というのが南京事件と言うのである。

以上によってみると、昭和四十四年（一九六九）頃までは、現在言われている「南京事件」は日本人の間では、さしたる関心を呼ばなかったのであるが、昭和五十八年（一九八三）までの間に大きな変化があって、単なる「事件」が「大虐殺」と認識されるようになり、平成三年（一九九一）までに「大虐殺」の内容がほぼ固まって辞書に載るようになったのである。この間、日中関係ではつぎのようなことがあった。

昭和四十四年（一九六九）九月、産経、毎日、西日本三紙の記者は中国外交部より北京追放を告げられた。「文化大革命を中傷し、反中国の行動に出た」からである。朝日等の記者はこれ以降、中国の発表通りの中国報道をすることにより、北京駐在を許されることとなった。その典型が、昭和四十六年（一九七一）八月から朝日新聞紙上に連載された本多勝一記者の南京事件その他に関するルポルタージュ記事「中国の旅」であった。本多記者は後にこの記事の不備を指摘されたとき、この記事の内容は中国側の言ったことをそのまま載せたものであるから、批判があるなら中国に言ってくれという、無責任な、記者にあるまじきことを言っているとおり、この記事の内容には検討を要することが多いのであるが、それだけに多くの「南京事件」に関する論争を巻き起こした。

論争の中で、日本軍の南京での虐殺三十万人を主張する「大虐殺派」の人たちにとって致命的となった論点は、当時の南京の人口は二十万で、三十万大虐殺説は無理ということであった。これに対して大虐殺派の論者たちは、①時間と空間の範囲を拡大して「南京事件」を考える、②虐殺の被害者の中で兵士を市民よりも重要視する、という対抗策を講じた。

①については、現在の「南京特別市域」には近郊五県を含むことが分かったので、「南京事件」とはこの「特別市域」の中で起こった事件であり、時間的には日本軍が、上海を出発してこの特別区域に入ったときからであると言い出した。この「南京特別市域」は広大なものであり、南京は東京の杉並区にほぼ等しいくらいのものでしかないが、「特別市域」は東京都全域、神奈川県、埼玉県をほぼ含む広大なものである。元々三十万の南京市民を虐殺して、市内、近郊に埋葬したというのであるが、今は南京から遙か離れたところで、大量の殺人事件があり、その死体

をわざわざ南京まで、トラック等の運搬手段もないのに運んで、埋葬したと言うことになるのである。その不条理は言うまでもない。南京城内から遠く離れたところで殺された人たちは、各々その地方地方で埋葬されたというなら、崇善堂という埋葬団体が埋葬したという十万余の死体は何だったのであろうかという疑問は依然として残る。

また、日本軍が南京に進撃する途上、中国軍は南京を取り巻く広い範囲で、「清野作戦」という作戦を採って、攻めてくる日本軍を射撃しやすいように、遮蔽物となる民家を焼き払い、住民を移転させていたので、日本軍は無人の町や農村を進撃したのである。そこで大量の虐殺が起ることは考えられない。後に資料で説明するとおりである。

②虐殺の主たる対象が兵士であると主張するのは、大虐殺派の人たちの一種の敗北宣言である。元々、我々が深く心を痛めるのは、日本軍が無辜の市民を大量に殺害したとされることにあるのである。兵士が兵士を殺すのは、戦争では当たり前であり、敵兵を多く殺せば殺すほど栄誉とされる世界である。芥川龍之介は、軍人は、よく白昼、素面で勲章を着けて人前に出ることが出来るものだと語ったことがある。勲章はそれだけ殺人をした証拠なのだから、と言うわけである。敗残兵であってもそう事情は変わらない。あるいは陸戦法規に違反した事態があるのかも知れないが、それこそ軍事法廷で裁けばよいことである。それに十万、二十万の敗残兵があったというのは、中国軍にとってあまり名誉なことではない。何故ならば、これらの敗残兵は司令官たちに見捨てられた人たちである。司令官から見捨てられた敗残兵がこんなに沢山いたということ

であり、中国軍としては認めたくない不名誉な話であろう。そのためか、私は寡聞にして中共側が敗残兵処刑を取り上げるのを聞かない。

ところが『広辞苑』でも真っ先に捕虜を挙げており、「虐殺派」の人の最近の著述は殆ど捕虜問題に重きを置いているが、中共側にとっては有難迷惑なのではなかろうか。この問題はあまりまともに取り上げなくても良いのではなかろうかと思う。

以上を踏まえて、本書は次のことを目指している。

「南京事件」に関しては十冊近い一次的な史料がある。当時南京に残留した外国人が記録したものが主体であって、虐殺派の人たちのよりどころとしているものが多い。この史料の中のデータをパソコンに入力して、いつでも取り出して分類集計できるようにした。ここに示したのはその一つのやり方であって、他の人は別の分類集計によって、別の結論を導くことが出来るかも知れない。筆者の目指したのは次のことである。

南京事件を空間的時間的に区分して、各々の区分の中で誰がどういう事件を起こしたかを明らかにする。これによって、「南京事件」の現場とは何であるか、その登場人物は誰であるか、そこでどんな事件が起きたかが明らかとなる。これを基に「南京事件」の報道が果たして真実を伝えたものであったかを検証する。次にこれらを総合して「南京事件」の真因は何であったかを明らかにすることである。

本書のこれからの叙述は、このようにして発展した「南京事件」のすべての問題点に、対応する解答を与えている訳ではない。しかし本書はそれらの問題に対しても一応の解決の有力な手懸りを与えるものと思う。

そこで「南京事件」の主要な問題点の在り処について、簡潔に触れておきたい。

一、「南京大虐殺」の虐殺人数について

「大虐殺」なのでその規模が問題になるのは当然である。本書が採り上げた当初の「南京事件」の史料では、その人数は余り問題にされなかった。「南京事件」という言葉は勿論、「南京大虐殺」という言葉もなかった。当時の中国国民党の宣伝部員が「宣伝書籍」として作った『戦争とは何か』の中で、市民殺害一万二千人、武器を捨てた兵士を含めて四万人というのが当時著作に示された唯一の数字であった。東京裁判で初めて市民と兵士を含めて二十万人内外の数字が提示された。その後、前述の論争の過程で、中国側から三十万人説、さらには四十万、五十万人説が出された。中国では国家として三十万人説が定説とされている。日本ではこれに反し、先程述べた人口問題などから大量虐殺説は漸次下火となり、最近では数千人説、限りなくゼロに近いという説も登場してきた。

虐殺人数は当時の南京の人口と虐殺死体の埋葬問題とも関係する。人口については当時の南京の人口が二十万人余であったことから、どうして三十万人に及ぶ虐殺ができたかにつき争われた。

二、埋葬問題

東京裁判で二十万人内外の虐殺説を判決としたのは、戦後提出された埋葬問題の資料に根拠を置いている。それは埋葬を行なった紅卍字会の埋葬約四万体、崇善堂の埋葬約十一万余を主体としたものであった。この内、崇善堂については事件当時の関係文献にその名前が見られないので、早くからその信憑性について問題とされてきた。

三、南京裁判

「南京事件」の裁判は東京裁判だけでなく現地の南京でも行なわれた。この現地裁判では谷寿夫中将（第六師団長）、田中軍吉大尉（第六師団第四十五聯隊中隊長）、野田毅少尉（第十六師団第二十聯隊富山大隊副官）、向井敏明少尉（同大隊歩兵砲隊小隊長）がそれぞれ死刑とされた。第六師団は当時殆ど住民のいない南京の南部地区の攻略を担当したにも拘わらず、谷将軍は三十万人虐殺の判決を受け、死刑に処せられたので、今でも師団の本拠地の熊本を始めとして、これを問題とする者が絶えない。また向井敏明小隊長、野田毅大隊副官は、日本人記者の書いた「百人斬り競争」の新聞報道を理由に死刑に処せられたのであるが、この報道の真偽についてはいまだに疑問とする説が有力である。

四、正規兵殺害問題

イ　南京の安全地帯に潜伏していた、武器を捨て市民服に着替えた中国兵を捕らえて処刑したのは捕虜殺害であったのか。少なくともこれらを裁判にもかけずに捕捉したのは国際法違反であったのか。
ロ　幕府山というところで捕らえた捕虜を殺したのは、偶発的な事故ではなく、意図的で国際法違反の捕虜殺害であったのか。
ハ　南京南部の戦闘で第六十六聯隊第一大隊が捕らえた捕虜を聯隊命令で殺害したのも捕虜殺害であったのか。
ニ　第十六師団が十二月十四日の下関付近の掃討で「捕虜を受け付けることを許さず」「捕虜は皆始末せよ」との命令を出したのも、捕虜殺害で国際法違反であったのか。
　などが争われている。
五、「南京事件」は戦時中は日本人は全く知らず、戦後東京裁判で初めて知った。
　これは「南京事件」がアメリカが戦後捏造した事件であることの証拠である、との説を巡って、事件があったとされた当時の日本人は「南京事件」を知っていたかどうかが争われた。
六、南京進撃途上の虐殺と不法行為
　南京城内外での虐殺や不法行為ばかりでなく、日本軍は上海より南京へ進撃途上でも、大量の虐殺、不法行為をしたばかりか、特に南京進軍の速度が速かったため、補給がこれに追いつかず、食糧は殆ど現地調達によった。この徴発はすべて掠奪であった、と虐殺派の論者はいう。以上を巡っても論争が展開された。
七、個別問題

イ　松村俊夫氏はその著『「南京虐殺」への大疑問』の中で被害者「李秀英」の証言の信憑性に疑問を呈したので、著書の発行社とともに名誉毀損で訴えられた（東京地裁・高裁で敗れ、最高裁に上告中）。しかしこの判決は氏の疑問の提出が原告の名誉を毀損したという点について、法廷の判断を示したものであって、「南京事件」の本質について判断が示されたものではなかった。

ロ　東中野修道氏はその著『「南京虐殺」の徹底検証』で被害者「夏淑琴」について疑問を呈したので、同じく出版社とともに訴えられた。

ハ　東史郎、曽根一夫はその著書で積極的に自己もしくはその部隊の残虐行為を自白した。しかしその証言内容に疑問が呈せられ、東氏は加害者とした上官から提訴され、敗訴した。

また、今から約七十年も前の事件を殊更なぜ問題にするのかということについても疑問とする向きもあろう。筆者はしかしこの問題は今日問題であり、しかも一日も早く解決されなければならない問題であると考える。

一、この問題はわが民族は世界にまれに見る残虐な民族であるとの烙印を押された問題であって、一日も早く誤りは誤りと是正し、民族の汚名をそそがなければならない問題である。

二、この問題は外交上の切り札として関係国が常に使用し、我が国はそのつど窮地に立たされていると錯覚し、不利な対応を迫られている。外国だけでなく、国内にもこれに呼応するものがおり、それによって国内における自己の立場を強化しようと目論んでいるものがある。これに対処するためには一刻も早く真実を明らかにする必要がある。

筆者はそう考えて浅学にも拘わらず、あえて筆をとった次第である。

なお、南京の地理や「国際委員会」「安全地帯」等に不案内のかたは最初に「第一篇第三章人口の安全地帯への集中」の始めの一頁ほどをご覧戴きたい（三一頁）。

本書の基礎となったデータは次のような史料から抽出された。「事例」とは「南京事件」を構成する個々の事件であり、「諸相」とはその事件を取り巻く種々の環境のことである。

本書の成立は多くの方々のお蔭を蒙っている。東中野修道教授は「データベース」による研究方法に意義を認められ、主宰される「南京事件研究会」の中にデータベース分科会を設けられ、終始筆者の研究に助言と励ましを賜わった。データベース分科会の方々はデータの入力という単純で厄介な仕事に協力をしてくださった。本書のグラフやコンピュータグラフィックによる地図はその一員である溝口郁夫氏の作製にかかるものである。木沢輝久氏にはデータベースのソフトを作っていただき、何回もの筆者の改訂要求に応じていただいた。学友の瀬戸口直道氏と八田誠氏は原稿に目を通され、数々の有益なご指摘を賜わった。文中にも記したとおり、犬飼総一郎氏には南京における日本軍の動向について多くご教授を賜わった。志を同じくする「南京事件研究会」の方々の存在がつねに筆者の精神的な支えとなった。本書はこれらの方々のご指導とご協力の賜である。多くの読者のご愛読を願う次第である。

データの基礎となった史料

史料名	事例のデータ	諸相のデータ	著・編者	発行所	発行年月	本書における略号
南京安全地帯の記録＊1	517	179	徐淑希	Kelly Walsh	39．5	安全記録
南京事件の日々	110	536	ヴォートリン	大月書店	99.11	ヴォー日記
南京の真実	100	739	ラーベ	講談社	97.10	ラーベ日記
南京事件資料集1 アメリカ関係資料編 第1編除下記 内157節 内158節等 第2編及補録	 248	 687 67 39 571	南京事件調査研究会	青木書店	92.10	 残留外人 ＴＢ書簡 回状講演 海外報道
南京事件資料集2 中国関係資料編 第1編 第2編		 153 671	南京事件調査研究会	青木書店	92.10	 中国報道 中国著作
日中戦争史資料9 南京事件Ⅱ 戦争とは何か 南京地区における戦争被害	 63	 254 29	同編集委員会 ティンパーリ スマイス	河出書房新社	73.11	 戦争とは スマイス
日本側史料		892				
南京戦史			同編集委員会	偕行社	89.11	戦史
同資料集1			〃	〃	〃	戦史資1
同資料集2			〃	〃	〃	戦史資2
聯隊史等＊2						
合　計	1038	4817				

＊1 Documennts of the Nanking Safety Zone のこと。データ部分を筆者が和訳した。

＊2 『歩33聯隊史』、『奈良聯隊戦記』、「歩38支那事変行動概要」「歩9聯隊軍旗歴史」、『福知山聯隊史』、『第9師団戦史』、『富山聯隊史』、『金城聯隊史』、『歩36中支那方面における行動概要』、『敦賀聯隊史』、『鯖江歩36聯隊史』、『歩50聯隊史』、『南京作戦の真相（第6師団）』、『熊本兵団戦史』、『都城23聯隊戦記』、『郷土部隊奮戦史（歩47）』、『歩45聯隊史』、「第11師団歴史」、『四国師団史』、「歩12聯隊歴史」、『歩12百十年祭思出之記』、『歩22聯隊歴史』、「南京特務機関報告1」、「南京特務機関報告2」、「南京特務機関報告3」

第一篇　「南京事件」の舞台と登場人物

要旨

読者は先ず表紙裏の「南京事件の事件発生場所分布状況」を見られたい（これは溝口郁夫氏が私のデータベースにより作成し、『日本「南京」学会会報』第四号に発表した「地図から見た南京事件」によっている。原図は南京事件の一つ一つがどこで起こったかを図示したもので、南京全体を対象とした大きなものであるので、溝口氏に頼んで本書のために特別にアレンジして頂いたものである）。これによると、「南京事件」は「南京」で起こった事件ではなく、その一区画に過ぎない「安全地帯」の中で集中して起こった事件である。即ち「南京事件」の舞台は「南京」ではなくて、「安全地帯」であることが分る。本書は先ずこれを説明することから始めたい。

我々がデータを抽出した文献の第一に挙げたのは『南京安全地帯の記録』である。この『記録』は中国政府が「南京事件」を事件直後に世界に宣伝しようとして編纂したものであるが、その表題は「安全地帯の」という形容詞が被せられており、決して「南京事件」と言ってはいないのである。当時の中国政府は事件は外国人が設定した聖域とも言うべき「安全地帯」の中で起こったのであり、この『安全地帯の記録』は、この聖域を汚した日本軍を弾劾するとともに、聖域とその住民を守ったとされる外国人の努力を讃えることによって、歴史を残すことを目的としたのである。「南京事件」の後に中国側が事件に関して出した最初の公式文書の題名の意味するところを我々は再認識しなければならない。

しかし「安全地帯」の事件が世界的事件として喧伝されるようにするには、それが「安全地帯」という狭いところで起こったのでは困ることとなり、次第に中国の首都「南京」一帯で起こったこととなり、やがて「南京特別市域」で起こったこととなったのである。そこでまず「清野作戦」を説明することにより「南京事件　特別市域論」に疑問を呈したい。

第一章　清野作戦

清野作戦　「外国文献」の記事の統計（1．1．1）

記事掲載文献	安全記録	アメリカ篇	ヴォー日記	ラーベ日記	戦争とは何か	スマイス	海外報道	中国報道	中国著作	計
記事数	0	14	17	16	2	2	38	1	2	92

上表の如く全史料の中には九十二件の清野作戦の記事がある。これでほぼ全部である。「海外報道」が最も多いが、南京駐留の外国人報道記者はこの作戦を珍しいものとしてしきりに本国へ報道している。然し日本軍の暴行を弾劾するためには、この清野作戦は障害となるので『安全地帯の記録』や日本側の虐殺論者の著作では殆ど此の事件は触れられていない。筆者の所属する「南京事件研究会」の会長東中野教授が『「南京虐殺」の徹底検証』で論じているのが初めての詳論では無かろうか。

それではその記事の内容はどんなものであろうか。次頁の表ならびに巻末の

清野作戦の記事の内容（1．1．1）

記事内容	清野作戦とは	対象							
		東方	鎮江	湯山	句容	紫金山	下関	南東	南方
記事数	12	4	3	3	2	9	10	3	4

地域				住民避難	効果は	計
西方	市内	周辺	その他			
3	6	14	3	6	7	89

この調査から「中国報道」「中国著作」は除いてある

「主要師団の南京進撃」の図を見られたい。

清野作戦は珍しい作戦であったので、その定義付けをする記事が多い。「南京での中国の防衛作業の特徴は建物の全面的焼却である」「中国軍の銃撃砲撃を容易にするため郊外地区を清野にする作戦がとられている」などである。次にこの作戦が採られた地域が報じられている。日本軍の南京進撃につれて「東方一般」から「鎮江」「句容」を経て南京郊外がその対象となり「下関《シャーカン》」「周辺地区」などに記事が多い。「南京東方の村落は何処も無人の巷と化した」「東門から湯山に至る間は無人村になっている」「下関の広い範囲と城壁の近くが焼き払われていた」「南門近くの人口密集地区から住民が追い立てられ、小都市一つくらいの地区が燃やされた」「城壁のすぐ外側は中国軍が防衛のため広域に亘って焼いてしまった」とある。該当地区の住民は退去を命じられた。「農民達は城内か、浦口経由で北方へ追いやられている」「城壁のぐるりは焼き払われ、焼け出された人達が安全区へ」。かくて清野作戦は「住民の飢餓と混乱をもたらしたほかはさしたる効果をもたらさなかった」。但

人口問題　「全外国文献」の記事の統計（1．2．1）

記事掲載文献	安全記録	アメリカ篇	ヴォー日記	ラーベ日記	戦争とは何か	スマイス	海外報道	中国報道	中国著作	計
記事数	19	16	1	20	3	10	16	2	13	100

し天谷少将は「中国のこの作戦で日本軍は進撃途上、食糧その他の必需品を入手できず」といっている。日本軍を困らせるという面では効果があったようだ。清野作戦の行なわれた東方地区の鎮江、句容などは「南京特別市域」の東端と一致しており、虐殺派が南京戦が始まったところと指摘するところはまた、清野作戦の始まったところで、家屋も住民も殆どなくなってしまったところである。この地区から「南京大虐殺」が始まったという主張には無理がある。

清野作戦について日本側文献は『南京戦史』が若干触れているだけである。

第二章　人口問題

登場人物として最も重要な南京市民について、人口の問題を採り上げる。上表のように全史料には百件の人口問題にかんする記事がある。これでほぼ全部である。このうち余り重要でない中国関係の史料を除いた八十五件について内容を調査すると次頁の如くである。

イ　日本軍入城前、事件前の南京の人口は百万であったという人が多い。ラーベは一九三七年八月は百三十五万であったという。五十万というスマイス調査は同年十一月既に多くの人が南京から疎開した時点でのことである。

人口問題　「外国文献」の記事の統計（1．2．1）　記事数

記事掲載文献	安全記録	アメリカ編	海外報道	ヴォー日記	ラーベ日記	戦争とは何か	スマイス調査	件数計
事件前								
135万					1			1
100万		2	5				1	8
50万							1	1
事件時								
10万			5					5
15万			2				2	4
20万	6	4	3	1	13	2		29
～							1	1
25万	13	9	2		3	1	2	30
27万台							2	2
30万			1					1
40万		1					(38.5) 1	2
50万			2					2
多く		2	1		3			6
計	19	16	16	1	20	3	10	85

計には重複分を差し引いてある。

口『安全地帯の記録』と『ラーベの日記』に人口問題にかんする記事が最も多い。『安全地帯の記録』の記事は国際委員会の意見であり、ラーベは国際委員会の委員長をしていたので、両者の意見は同一なのである。国際委員会は南京市民の生活を守ることを主要な職務としており、食糧の手当は最も重要なことであった。そのために現在の人口が何人かは彼等にとって真剣な問題であった。ラーベはそのために当時人口問題に最も詳しい王固盤警察庁

長官の意見を聞きたいとしていた。十一月二十八日王長官が「南京にはまだ二十万の人が住んでいる」と言っていたので、当初彼も国際委員会も南京の人口は二十万としていた。しかしその後王長官と連絡が取れなくなったので、その後もその数字を採用していた。

ハ　一月になって彼等は二十五万という数字を採用したが、それはつぎの事情による。安全地帯の敗残兵の掃討もすみ、治安状態も好転したが、なお市民の中に敗残兵を含む不穏分子が混入していたので、十二月下旬より日本軍は市民一人一人を査問して「良民証」を交付し、今後はこれを所持することなくしては市内で生活が出来ないこととした。良民証交付の実績から国際委員会は一月十四日市の人口は二十五万から三十万とし、爾後二十五万という数字によることとした。

ニ　以上により『安全地帯の記録』と『ラーベの日記』の人口にかんする数字が二十万と二十五万になっていることが説明される。

ホ　残留外国人は殆どが国際委員会のメンバーなのでその数字は国際委員会に準じている。『戦争とは何か』は国際委員会の最重要メンバーであったベイツの指導のもとに出来たものであるので、その数字の出所は国際委員会である。ヴォートリンも国際委員会から聞いたところを記しているのである。

ヘ　スマイスは独自にサンプリング調査によって南京の人口を調査したが（一九三八年三月完了）、その結果は従来の説を裏打ちした結果となっている。

ト　海外報道がいろいろな数字を挙げている。記者達は十二月十五日に南京を離れているので、南京の様子は南京在住の人から入手しなければならないが、この数字の出所はよく分らない。

以上の人口問題の記事から次の重要なことがいえる。
① 人口二十五万の南京で三十万人の市民を虐殺する事はできない。
② さらに日本軍が南京に入城して以来、この人口が少しも減少していない。この事から三十万はもとより些少の虐殺すらなかったことが言えると思う。南京の人々に食糧を用意することは国際委員会の重要な任務であったから、彼等は人口問題を常に食糧確保の問題と絡めて考えていた。人口二十万の人を養うには一日当り何袋の米が必要であるとして、その確保に日本側その他の協力を求めているのである。その数量が最後まで少しも減少していないのである。この人口の数字はもとより綿密な調査に基づいたものではないが、彼等は生活実感として人口は南京ではすこしも減少していないと感じていたのである。
人口問題について「日本側文献」には十二件の記事がある。事件前の人口を百八万ないし百万とし、『特務機関報告』は良民証交付の結果の人口を二十五万とし、三月末の人口は三十九万を下らずとしている。

第三章　人口の安全地帯への集中

南京の市民二十万ないし二十五万は殆どが安全地帯に集中していた。従って日本兵と市民との

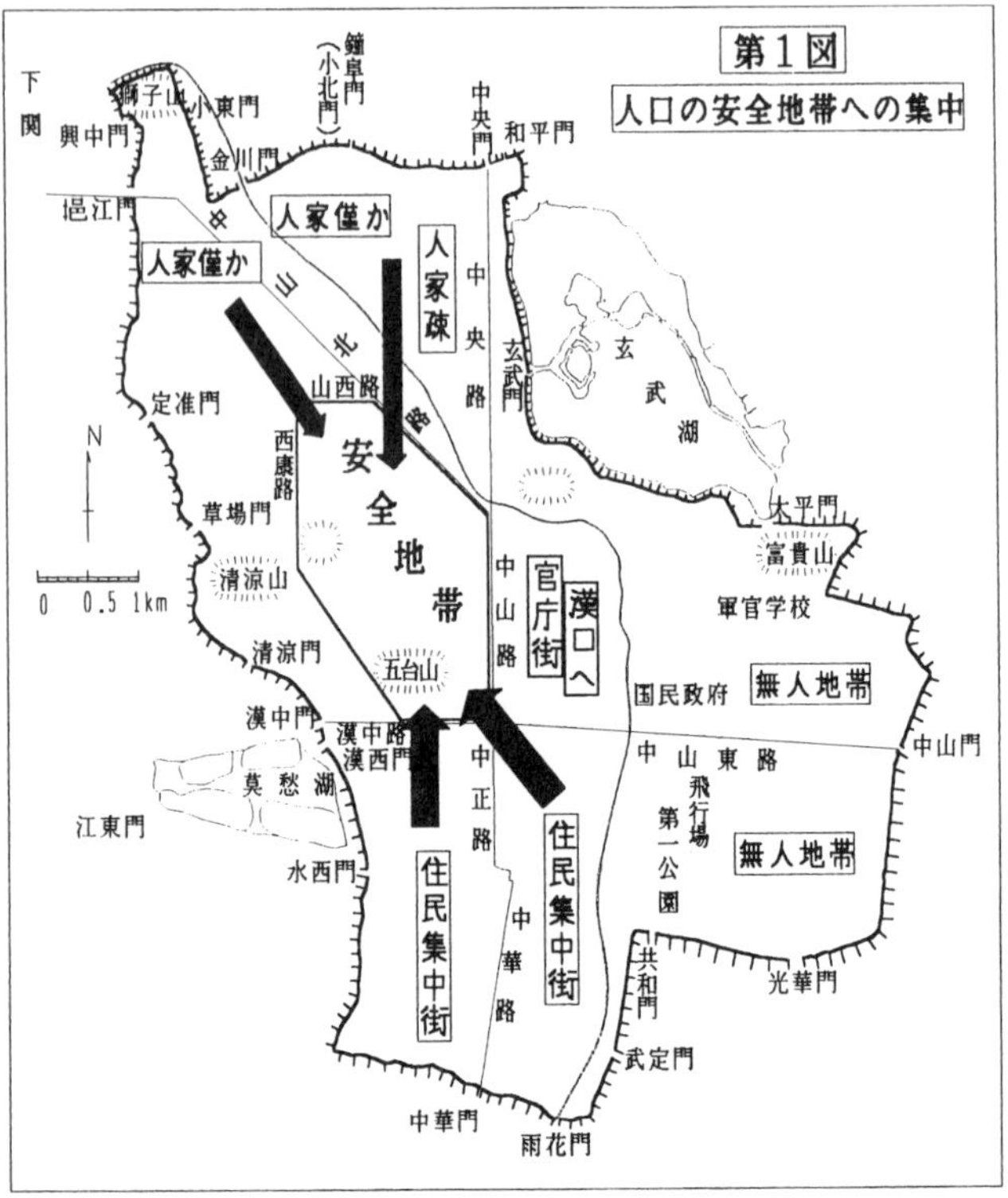

折衝や市民に対する事件は安全地帯の中でしか起こらないはずである。本章ではそれを説明するが、まず安全地帯とは何かを必要な範囲で説明したい。第1図を見られたい。

南京に残留した外国人二十数人のうちアメリカ人を中心とする有志十五名は国際委員会を結成し、その管轄下に安全地帯を設定した。安全地帯の地域は神戸で言えば「北野」のような所で、外国人の広壮な邸宅が多

安全地帯への人口の集中　「全外国文献」（1．3．1）　件数

記事掲載文献	安全記録	アメリカ篇	ヴォー日記	ラーベ日記	戦争とは何か	スマイス	海外報道	中国報道	中国著作	計
記事数	5	12	2	7	3	1	13	8	12	63

くあり、外国の大使館等も多く、また彼らが作った学校なども多かった。アメリカ人達はこれらの財産を戦禍から守り、この地区を中立地帯として市街戦の行なわれない安全地帯として、ここに中国難民を収容し、彼等の安全を守ってやろうとした。南京城内は図の如く面積約三十五平方キロで、このうち安全地帯は三・八平方キロで皇居前広場の四倍ぐらいの広さであった。安全地帯と他の地区を分ける特別なもの（鉄条網とか高い壁のようなもの）はなく、安全地帯を示す標識があるだけで、街路を跨げばそこはもう安全地帯となっていた。

図の如く南京の市民は前は市の南部に密集していて、その他の所にはもともと市民は余りいなかった。安全地帯の東側中山路を隔てたところに官庁街があったが、日本軍入城前に漢口に移転していて空になっていた。この安全地帯に市民も、またこれを差配していた外国人達も集中していたので、安全地帯にかんする記事は我々の史料の中にも大変多く、百六十件ほどあるが、ここでは安全地帯への人口の集中に関するものを採り上げることとする。

それは上表の如く全部で六十三件あるが、中国関係を除いた四十三件について内容を見ると次頁表のようになる。

イ　十二月四日頃より市民は安全地帯に移りだしたが、八日に国際委員会も市民

に安全地帯へ避難の勧告文を出し、南京防衛軍司令長官も軍の命令として安全地帯への集中を命じ、また市民も日本軍の空爆砲撃（筆者註　流れ弾）に怯えて安全地帯に集まりだした。清野作戦で追われた郊外住民も安全地帯に集結しだした。

ロ　かくて国際委員会は日本側に対する公式文書の中で、「委員会は市民のほぼ全部をこの地帯の中に集めた」と称し、安全地帯は「鮨詰め」となり、難民で「ごったがえした」と言う。逆に安全地帯以外の所は「中国人の姿はなくなり」「無人地帯さながら」で「日本兵以外は殆どだれも見かけなくなった」。但しダーディン記者だけは「安全地帯に入らなかった民間人が五万人以上いた」という。

ハ　日本軍は安全地帯があるため日本の占領政策が浸透しないので、その解消作戦に乗りだし、一月二十二日十％の人が安全地帯を出てゆき、一月末には五万人が出てゆき、二月十日安全地帯に残ったのは十六万となり、二月十八日には殆どの中国人が安全地帯以外の自分の家に帰りつつあった。

人口の集中の記事内容（1．3．1）

記事内容	集中の過程	ほぼ集中完了	集中の解消	計
記事件数	15	23	5	43

「日本側文献」に記事は十九件あるが、日本兵が城内に進入してみると、南京市民が安全地帯に集中していて、安全地帯以外はほぼ無人地帯であったことを肌で感じ、記録に残している。「第七聯隊の担当区域には難民区があり難民がいた」。しかし他の地区を担当した部隊は、城北の北門から進入した部隊も、東北方面を掃討した部隊も、東の中山門から進入した部隊も、東南の光華門から入った部隊も、南の中華門を制圧して入城した部隊も皆、「人影を見ず」

南京防衛準備と城壁の攻防　「全外国文献」の記事の統計（1．4．1）

記事掲載文献	安全記録	アメリカ篇	ヴォー日記	ラーベ日記	戦争とは何か	スマイス	海外報道	中国報道	中国著作	計
記事数	0	5	3	27	2	0	24	20	12	93
記事内容	南京近郊の戦い	中国負傷兵南京へ	防衛軍の防衛対策	南京城壁の攻防	中国軍の散発的退却	トラウトマン工作				計
記事数	5	7	36	38	5	2				93

「犬ころ一匹いない死の街」「商店店頭には同人帰里暫停営業の貼り札で住民は一人もなし」と言っている。しかし特務機関報告は三月末報告で、住民の帰還運動が進み、難民区の人口は三万二千人となり、難民区（安全地帯）の呼称は消滅して四区となったという。

第四章　中国軍の南京放棄と残存敗残兵の安全地帯への集中

中国軍との南京城門城壁を巡る攻防は熾烈であったが、中国軍は司令官の逃亡によってある時期から急速に士気が衰え、南京を放棄逃亡し、市街戦はなく、日本軍は戦火を交えることなく市内に進入して占領した。そして中国敗残兵の城内残留者は市民服に着替えて、市民に紛れ込むために安全地帯に集中した。以下にこの模様をデータベースで検証する。

まず中国軍の南京防衛準備と城門城壁の攻防戦のデータを見る（上表）。この部分は「南京事件」とは余り関係がないので、要点

中国軍首脳の南京脱出　「全外国文献」の記事の統計（1．4．2）

記事掲載文献	安全記録	アメリカ篇	ヴォー日記	ラーベ日記	戦争とは何か	スマイス	海外報道	中国報道	中国著作	計
記事数	0	0	1	6	1	0	14	4	3	29
記事内容	南京死守	休戦案	蔣介石脱出	唐生智脱出	脱出の影響					計
記事数	4	5	5	5	3					22

記事内容の調査には中国関係の史料は外してある。

を簡記する。「優秀な中国軍部隊は上海戦で三分の二が戦死し、装備も日本兵とは比較にならず劣っている」「新たに徴集された新兵の格好は酷いものだ」「北部から来た新兵は裸足で疲れ切った無言の行列」「南京上空を飛ぶ中国軍機はロシヤ製が多い」「すべての城門は土嚢で閉鎖」「湯山地区には少年兵が沢山いた」「城内は防御態勢で緊張、反動分子は射殺」「南京防衛は第三十六師団、第八十八師団などの南京師団があたったが、両師団とも上海戦で消耗し、未訓練の新兵を南京で補充」「南京防衛の師団は全部で十六師団約五万人」しかしそれにもかかわらず、南京防衛の教導総隊、第八十八師は優秀で、紫金山、光華門、中華門、雨花台、城西の戦闘は熾烈であった。（日本軍によれば）トーチカの中国兵は中には足を鎖でつながれ、またトーチカの中には外から鎖で巻かれ施錠されていたものもあった。

唐生智が南京城死守の決意を表明したので、蔣介石は彼を南京防衛軍の総司令官とした。その後、唐生智も一時休戦案を検討したが、これは否定された。蔣介石は十二月七日飛行機で南京を去った。南京を死守すると言っていた唐生智は十二月十二日戦況が

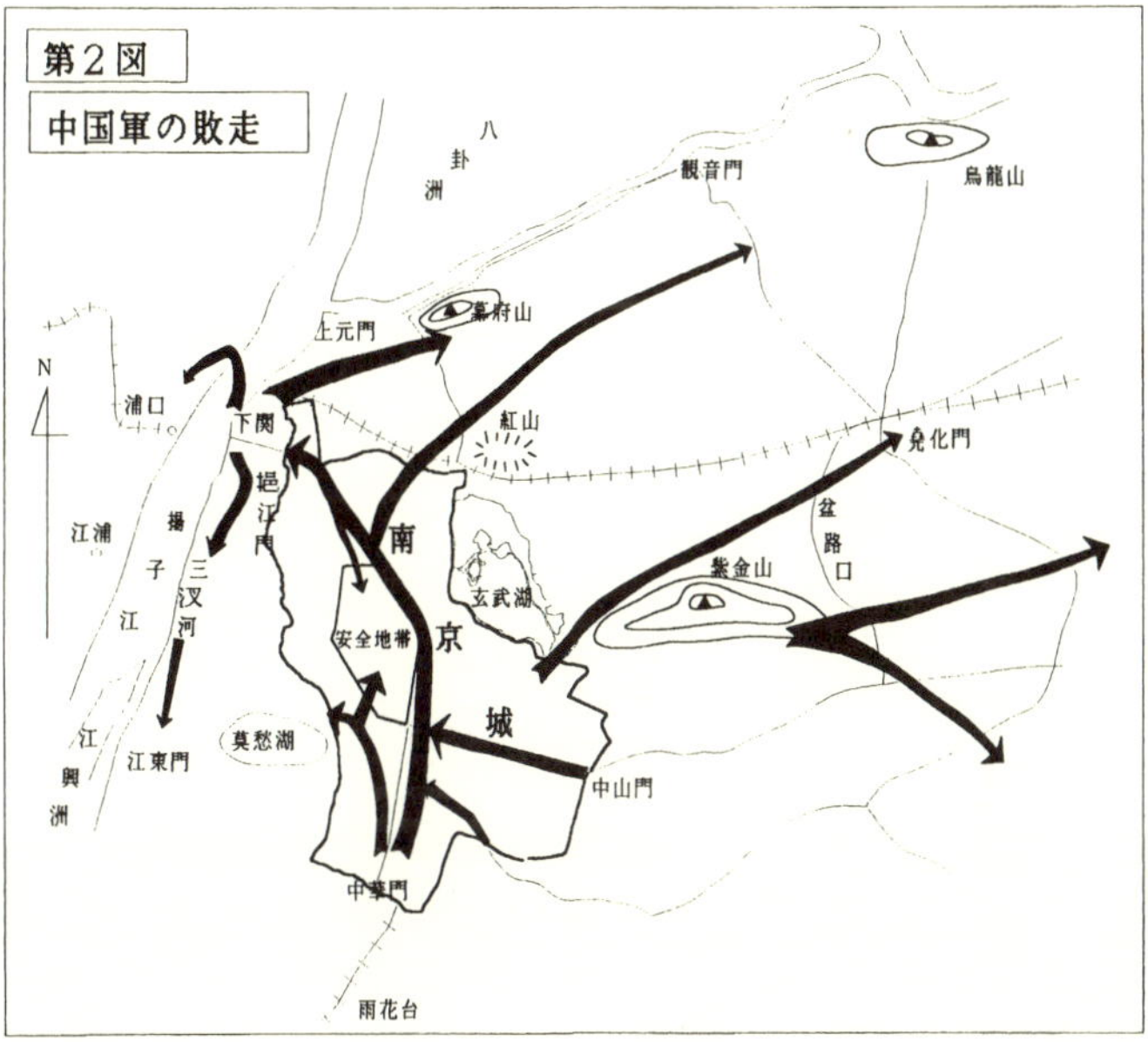

第2図

中国軍の敗走

不利となるや、部下の将兵を捨てて、高級指揮官とともに夜八時南京を脱出した。防衛軍は急速に統制を失い、全市は混乱に陥った。ダーディン記者は南京防衛の失敗は唐生智らにあるという。

　南京防衛軍全軍の敗走、南京放棄が始まったが、その模様は第2図にしめされている。

　この敗走の途中で、北門（挹江門）と下関は混乱し、悲劇とも言うべき様相を呈した。

　これに関する外国文献の記事も多い。（次頁表）

　中国軍には有名な督戦隊というのがあり、北門にはこの督戦隊が配備されていた。城門、城壁守備の任務を勝手

北門、下関の悲劇　「全外国文献」の記事の統計（1．4．3）

記事掲載文献	安全記録	アメリカ篇	ヴォー日記	ラーベ日記	戦争とは何か	スマイス	海外報道	中国報道	中国著作	計
記事数	0	1	0	1	4	0	26	0	10	42
記事内容	北門の悲劇	誤解	誤解解消	下関の悲劇						計
記事数	16	1	1	14						32

記事内容の調査には中国関係の史料は省いてある。

に離脱して、逃亡しようとする兵士を実力で（実際に射撃して）追い返す任務が督戦隊に与えられていた。唐生智が南京を離れるに当たって、彼はこの北門の督戦隊の任務を解除しなかった。各城門の兵士が十二日夜南京から敗走しようとして、北門まで来ると、督戦隊は任務通り、実力を以て敗走兵を追い返そうとし、ここに同士討ちが始まった。ために北門近辺は死屍累々となり死骸の山は数メートルに及んだ。数に勝る逃走兵は北門を制圧し、門外に出ようとする。しかるにこの門は、他の門と違って逃走兵の逃走阻止のために、通常の門とは違って、門の外側にも土嚢が積んであって、中からは開かないようになっていた。逃走兵たちはありとあらゆる紐をつないでロープを作り、これを使って、城壁を乗り越えなければならなかった。城壁の向こう側へおりるのも同様の作業が必要であった。このいわばロッククライミングに失敗して、高いところから落ち、死亡する兵士も多かった。

このことは記事掲載文献に「海外報道」が多いことから分るように、記者によって海外向けに報道されることが多かったが、記者たちは調査不十分で、この悲劇は先回りして北門で待ちかまえ

中国兵の安全地帯への潜伏　「外国文献」の記事の統計（1．4．4）

記事掲載文献	安全記録	アメリカ篇	ヴォー日記	ラーベ日記	戦争とは何か	スマイス	海外報道	中国報道	中国著作	計
記事数	0	0	5	20	4	0	30	2	11	75

記事内容	中国兵の逃走模様	武器を捨てる	武装解除？	便衣に着替える	そのた	計
記事数	17	15	8	11	11	62

本調査では「中国報道」「中国著作」の記事は除外してある。

ていた日本軍兵士の攻撃によるものと解釈され、そのように報道された。後日になって漸くその誤解が解けたのである。

揚子江岸の下関でも似たような悲劇があった。揚子江を渡る舟は先に唐生智らが皆使用してしまったので、もう碌なものはなかった。少ない舟を争って、ここでも同士討ちが演じられた。ある南京事件研究者は、舟に先に乗った兵士が後から船縁にとりついて連れて行ってくれるように頼む兵達のために、舟を出すことが出来ず、船縁に摑まった指を切って、舟を出したところもあるという。これは『三国志演義』や孔子の編纂した『春秋』などにもでて来る、中国では古来からある残虐物語の再現である。

南京城内に残留した中国敗残兵や、下関から渡江出来ずに城内へ戻ってきた中国兵は、兵隊の服を着ていると日本軍に殺されるという恐怖から、皆市民服に着替え、武器を捨てて市民の間に紛れ込んだ（上表）。外国人記者たちは自国の関与しない戦争の様子に興味を持って、特ダネとして母国に細大漏らさず報告している。この章は特にそうである。中国兵達はあらかじめ背嚢の中に市民服を用意しているものが多いが、用意していないものは市民から買うものあり、強奪するものあり、どうしても手に入らぬものは下着のまま、市民の中に紛れ込んだ。国際委員会は後日、これらの中国兵は自分たちが武装解除したから戦時捕虜ＰＯＷであると言ったが、その様子を見ると、兵士たちが勝手に武器を投げ捨てたりしたものが多く（十五件）、国際委員会が何らかの介入をして武器を捨てさせたものは表に見られるとおり八件しかない。如何に彼らの言うことが勝手で事実に基づかないものであるかを示している。

中国兵の安全地帯潜伏について「日本側文献」を見てみよう。

ここには以上の海外文献に対応する日本軍兵士の体験が述べられている。これは十九件あるが、「市街戦無し」というサブタイトルを筆者がつけたように、日本軍は城門攻略には苦労したが、中国軍の総退却によって、入城後は市街戦もなく南京城内掃討は極めて平穏裡に行なわれたことを示している。城内に進入した部隊は各部隊とも「残敵に遭遇せず」「戦果なし」「敵兵を見ず」「銃火を交えず」と言い、あまりの静かさにかえって懼れを抱き「不断は勇猛で真っ先かけて進むわが兵士も、死の静寂にとまどっていつの間にか私が中隊の先頭に立っていた」という中隊長もあり、また掃討とは「敵の遺失物のお掃除のようなもの」という兵士もあった。これが安全地帯以外の状況であった。

なお南京防衛準備と城壁の攻防（1．4．1）に対応する「日本側文献」は十七件あるがたいしたものはない。「ソ連製飛行機」「トーチカ施錠」「城外東方には一人も若い男はいない。全部徴発された」「敵兵は十万、八万は我が軍が撃滅、二万は散乱」「敵の兵器は我が軍のものより実験の結果性能優秀」などが注目される。

中国軍首脳の南京脱出（1．4．2）に関する日本側対応記事は三件。全て唐生智に関することである。

北門、下関の悲劇（1．4．3）に関する日本側の記事は三件で、北門の土嚢撤去に二時間かかった、ロープが十四、五本垂れていた、あたりは下関にかけて死骸多し、等々である。

第五章　南京の日本軍

これまでの四章を振り返って、整理をしておこう。

第一章「清野作戦」では広域な南京特別市域にまたがるような「南京事件」は考えられないことを説明した。第二章「人口問題」では、日本軍が南京に入城した当時の南京の人口は二十万で、後二十五万となっていることを説明した。第三章「安全地帯への人口の集中」ではこの住民が安全地帯という小さな地域にほぼ集中していたことを説明した。第四章「中国軍の南京放棄と残存敗残兵の安全地帯潜伏」では南京に残った敗残兵も安全地帯に潜入し市民の中に紛れ込んでいた事を説明した。

これを総括すると、日本軍が入城した当時の南京は二つに分かれていて、一つは人の密集していた安全地帯であり、一つは人気のない、日本兵だけを見かけるという安全地帯以外の地域であった。日本軍は入城に当たって、各々警備や掃討の分担地区を割り当てられていたので、日本軍も二つに分けて考える事が出来る。

一つは安全地帯担当の部隊であり、この部隊は市民や敗残兵と接触があり、「南京事件」というものがあったとすれば、その当事者であったといえる。もう一つは市民も敗残兵も殆どいない地域の担当部隊であり、この部隊は「南京事件」にはいわばアリバイ（現場不在証明）のある部隊である。

後者の部隊に完全なアリバイがあることは本書の重要な主張の一つであるので、ここでやや詳細に説明したい。

先ず後者の部隊のアリバイは大局的に言って二つの側面から説明される。一つはこれまでも詳細に論じたように、これらの部隊の担当地域は安全地帯の外であり、そこには中国人は殆どいなかったことである。市民は安全地帯に集中していたし、城内に残った敗残兵達は、市民の間に紛れ込もうとして、市民服に着替えて、市民達のいる安全地帯に侵入した。蔣介石の宣伝部の顧問であった、ティンパーリという人が『南京事件』を諸外国に宣伝するために、『戦争とは何か』という本を日本軍南京占領の翌年（一九三八年）に出版した。この本の中には「南京事件」のたくさんの事例が集められている。この事例の編纂に関与した、南京大学の教授で、かつ蔣介石の顧問であったベイツという宣教師が、この事例について次のように言っている。「ここに記録された事件は南京安全地帯内で起きたものだけであり、南京のこれ以外の場所は一月末まで事実上の無人地帯となっていたのであって、此の期間中、殆ど外国人の目撃者はなかった」（『戦争とは何か』一〇三頁）。したがって、虐殺派の論者達や、中国側が「日本軍は南京に入城するやいなや、人とみれば殺し、女とみれば犯し、犯したのちさらに殺し」と言っている（例えば、南京市文史資料研究会編『証言　南京大虐殺』青木書店、昭和五十九年、一四頁）のはまったくの宣伝標語であり、当時の当事者自身が否定していることなのである。安全地帯以外の所を担当した部隊はいわば無人地帯を担当したのであり、そのようなことが起こるはずはなかった。

第二に、日本軍は一九三七年十二月十三日、南京に入城したのであるが南京攻略とその後の警備について詳細に地区別分担を決め、それは厳格に守られた。これはまかり間違えば敵兵と誤認され、直ちに攻撃される懼れのある戦場では必須のことであった。南京の東の正門である中山門から街の中心に向って、「中山東路」（次頁地図参照）という広い通りが走っているが、この道路を境に、北側は第十六師団の担当であり、南側は第九師団の担当であった。しかしその決め方は道路の南端までは第十六師団の担当で、第九師団の担当は道路を含んでいないこととされていた。第三十五聯隊（第九師団）は、中山門の南の城壁の破壊を担当したが、なかなか破壊できなかったので、ついに中山門を通って、城内に進入することとした。しかしそのために中山門担当の第十六師団に中山門通過を断っている。第三十六聯隊の聯隊長は占領後のある日、安全地帯の視察をしようとしたが、「許可なきものは聯隊長と雖も許されない」として視察できなかった。ましてや、他の部隊が安全地帯の中で他の作戦を行なうことは考えられないことである。

		師団名	旅団名	聯隊名	
中支那方面軍	上海派遣軍	16D 京都	30B 津	33i 津	38i 奈良
			19B 京都	9i 京都	20i 福知山
		9D 金沢	6B 金沢	7i 金沢	35i 富山
			18B 敦賀	19i 敦賀	36i 鯖江
	第十軍	6D 熊本	11B 熊本	13i 熊本	47i 大分
			36B 鹿児島	23i 都城	45i 鹿児島
		114D 宇都宮	127B 宇都宮	66i 宇都宮	102i 水戸
			128B 高崎	115i 高崎	150i 松本

1聯隊＝3個大隊（Ⅰ、Ⅱ、Ⅲ）、3千数百人～4千人
Ⅰ大隊－4個中隊（1中、2中等と略す）、1個中隊は約250人
他に師団には、砲兵、工兵等がいた。
（例）Ⅲ33i＝第33聯隊第3大隊
9i（－Ⅲ）＝第9聯隊（除く第3大隊）
7i5中＝第7聯隊第5中隊

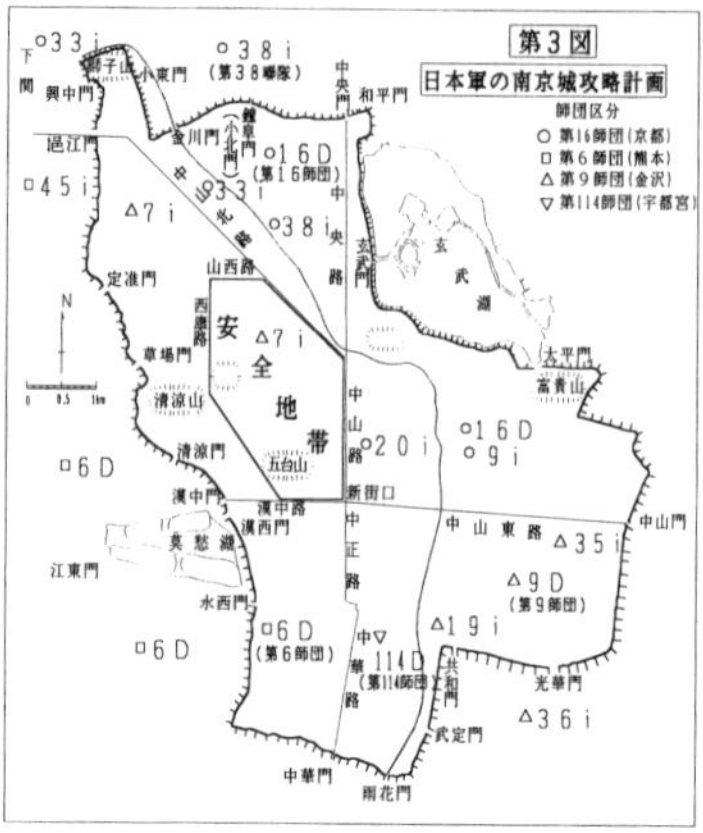

それでは、その分担はどのようなものであったろうか。上に「日本軍の南京城攻略計画」の図と「中支那方面軍」の編成表が示されている。この「攻略計画」の図は同時にその後の警備分担であった。昭和十二年十二月十二日の夜までに、日本軍は大体この分担で南京城を取り囲んでいた。一部の部隊は遅れていたが、論者によってはこの十二の揃った十二年の十二月十二日を目指して、日本軍は南京進撃を行なって来たと言う。

上図の右上に33iとあるのは第三十三聯隊のことで、ここが第三十三聯隊の担当地域であった。その右は第三十八聯隊の担当である。以下このように見られたい。

南京を攻略したのは「中支那方面軍」で、それは「上海派遣軍」と「第十軍」とからなり、各軍は二箇師団からなっていた。一箇師団は約二万から二万五千人であったから、全部で約十万の大軍であった。

これから、このうちの主要部隊についてそのアリバイを説明したい。

中山東路の上、中山路の東側に20i（第二十聯隊）とある。この部隊は十三日午後一時半、中山門に集結した。草場第十九京都旅団長は、松井総司令官の命令通り、配下の第二十聯隊からは第四中隊を選抜部隊として城内に派遣することとした。しかし第四中隊は出発後なかなか連絡が来ないので、通信班長犬飼総一郎氏（本書執筆当時まだ存命で、その後「南京戦史」編集委員となり南京事件研究に活躍され、筆者は氏から多くのことを学んだ）に様子の探索を命じた。氏の報告により市街戦はなく第四中隊も無事が確認されたので、十三日夕方第二十聯隊の一部は城内に進入し、宿営した（残りは城外に駐留）。翌十四日付近を掃討したが、この付近は官庁街であり、皆漢口に移転した後で（三二頁第1図参照）、敵兵も住民もいないので、直ちに城外に移り、城外東方の敗残兵を掃討した。二十日に松井大将の新配置命令が下り、この部隊はさらに東方の大華山方面の警備にあたり、そのまま南京に帰ることなく、一月二十二日北支にむけて転進した。即ちこの第二十聯隊は僅か一昼夜ほど南京の無人地帯に宿営し、掃討を担当しただけで、あとは城外の作戦に従事したのである。但しこの聯隊の第一大隊だけは、十二月二十日の新配置命令で南京城に呼び戻され、師団直属の部隊となった。この第一大隊の中に東史郎がいた。かれはその著『わが南京プラトーン　一召集兵の体験した南京大虐殺』で、自分は南京虐殺を見たというが、ご覧の通り、一般に「南京事件」が最も酣だとされる十二月二十日まで彼は南京にはいなかったのである。その後彼が北支に転進するまでの間に見たという事件は一件だけあるが、その一件も裁判で事実無根であることが証明されている。

次に、南東の光華門の南に第三十六聯隊がいる。この聯隊は十三日に光華門を占領するまでは、大変苦労した。しかし十三日にいざ入城してみると、敵兵、市民ともに担当地区（光華門付近）におらず、その日の夕方から、城外の防空学校付近に集結して、宿営し、そのまま十二月二十四日南京を出発して、東方の嘉定に向った。その間十二月十四日、日課を定め、「南京見学に関しては、各部隊は半数を残し、将校引率のこと」とした。先に述べたように安全地帯見学を断られたのは、この聯隊の脇坂聯隊長である。この部隊はご覧の如く城内にすらいなかったのである。

南の中華門から入城したのは第六師団の第十三聯隊、第四十七聯隊である。この部隊は十二日まで城外雨花台攻略に大変苦労し、また中華門攻略にも苦戦した。しかし十三日敵は退却しつつあるようなので、谷師団長は、無益な殺生は避けたいとして、敵に退却の余裕を与え、部隊の入城を一時おくらせた。そして入城に際しては、松井司令官の命令通り、選抜部隊として、中華門攻略の二聯隊から各々一箇大隊だけを入城せしめた。この入城部隊も夕方には本隊に合流して主力は、中華門外の三里店付近にて宿営し、爾後十二月二十二日頃、この二つの聯隊は南京南方の蕪湖に向けて出発したのである。したがってこの部隊が南京付近に駐留したのは僅かに十日間に過ぎずしかも主として城外に駐屯し、城内には僅かの部隊を掃討のため残したに過ぎない。それも市民もいず、敵兵もいない地域であったのである（南京の現地裁判でも、この部隊の南京駐屯期間を十日間と認め、その上で、この十日間にこの住民不在地区で、三十万人の虐殺を行なったと判決しているのである）。

最後に、第三十三聯隊のアリバイを見てみよう。この部隊も「南京事件」についてアリバイがあるのである。平成十四年夏『南京戦元兵士１０２人の証言』という本が出版され、南京戦参加の元兵士が「南京虐殺」の証言をするとのことであった。朝日新聞の事前の紹介によれば、証言する兵士は第三十三聯隊の兵士が多いとの事であった。当時、筆者はその秋発行予定の『日本「南京」学会年報　南京「虐殺」研究の最前線　平成十四年版』で、第三十三聯隊の「南京事件」に対するアリバイ（現場不存在証明）を詳細に論じていたので、この本の編者の「南京事件」についての理解が筆者とはまったく違うことに興味を抱き、その本の刊行を待った。本を手にしてみると、第三十三聯隊の元兵士たちは皆「安全地帯に入ったことがない」「外国人にはあったこともない」と言う人が多く、安全地帯で不法行為を働いたのは、軍法会議に付せられた天野中尉たちであるとの証言が多い。したがってかれらは城内での一般市民の殺害には触れず、殺人に触れているのは日本軍が中国軍人を戦場で掃討した場面だけである。そしてこの中国軍人達は司令官に見捨てられた敗残兵だったのである。このような調査結果となったのは、もともと第三十三聯隊の担当地域が市民のいない地域であり、彼等にはアリバイがあったからである。そこで本題の第三十三聯隊のアリバイの説明に戻りたい。

十三日、第三十三聯隊は揚子江岸の下関（シャーカン）にいた。城内を敗走した敗残兵がここに沢山いたので、これを掃討したあと、ここに露営した。翌十四日、第二大隊だけが松井大将の命令通り選抜部隊として城内に進入した。しかし担当した進入地域には敵兵も市民も殆どいないので、下関に引き上げ、それ以後はこの付近の警備、及び一部城外東方の掃討に従事した。十二月二十日の分担地域変更命令により、聯隊は下関より移動し、第一・第二大隊は城内の南部地区（安全地帯は北部地区にある）を警備し、第三大隊は城外の南方を警備することとなった。したがってこの部隊が安全地帯を担当したことはなかった。

以上、代表的な部隊についてアリバイを研究した。南京事件に関係のある部隊は、市民や兵士が集中していた安全地帯担当の部隊だけなのである。それは十二月二十四日頃までは第七聯隊であり、それ以降、一月二十二日までは第三十八聯隊であり、一月二十三日以降は天谷支隊であった。第七聯隊は第一大隊と第二大隊が担当し、人数はそれぞれ、七百九十人、八百十二人であった。約千六百人くらいの兵士が二十万人余の中国人を担当していたことにご留意いただきたい。第三十八聯隊以降の担当人員は千人位と推定される。

次に、これらの部隊の担当区域について今ひとつ注意したいことは、この十万の大軍が一度にどっと、城内に流れ込んだのではないことである。東京裁判で武藤章参謀副長が「南京の場合は、二大隊か三大隊が市中に入ることになっていたところ、全軍が入城してしまった結果、遂に略奪暴行事件となったのです」という証言をしたので、多くの論者は上のように論ずるのであるが、この証言はその後の研究によると、事実と異なる。既述の通り、各部隊とも選抜した部隊を先ず入城させ、入城した部隊はいつ何時起こるかも知れない市街戦に備えつつ、慎重に城内に進入したのである。また第九聯隊は中山門まで来ながら、一部は城内に入城を許されず、その第一大隊副官六車政次郎氏は、「この点の軍の統制はまことに厳しく、見事なものであった」と証言している（『偕行』誌五十九年十一月号七頁）。しかし第3図の警備担当分担はすぐさま大幅に変更せざるをえなかった。それは、多くの部隊が市民も敵兵もいない地区を担当し、余り意味がなかったからである。

松井司令官は先ず南部を担当した第十軍の転進を命じた。つぎに北部を担当した上海派遣軍の中で第十六師団だけを南京警備とし、さらにそのうち京都旅団は南京城外東方の警備とし、津旅団（第三十三、三十八聯隊）だけが南京城内の警備に当たることとなった。この引継が完了した状態が次頁の第4図である。この当時南京城内の日本軍は四箇大隊約四千人しかいなかったことになる。この第4図では第三十三聯隊の二箇大隊が南京南部を警備し、第三十八聯隊の二箇大隊余が北部を警備し、他の部隊はすべて南京を去ったことが分る。但し第二十聯隊の第一大隊は師団司令部つきとして城内にいた。十二月二十四日頃よりこの態勢となった。また第三十八聯隊の内約一箇大隊は、十二月末まで安全地帯に常駐していた。

第3図と第4図の中間時点を表わしているのが第5図で、十二月十六日頃から二十四日頃までを表わし第六師団、第百十四師団等の第十軍がまだ南京にいる頃を表わしている。但し、第十六師団は東方へ掃討に出かけ、城内にはいなかった。

以上のことを表形式に纏めたのがその次の付表「南京城内の日本軍と住民　南京事件の現場と

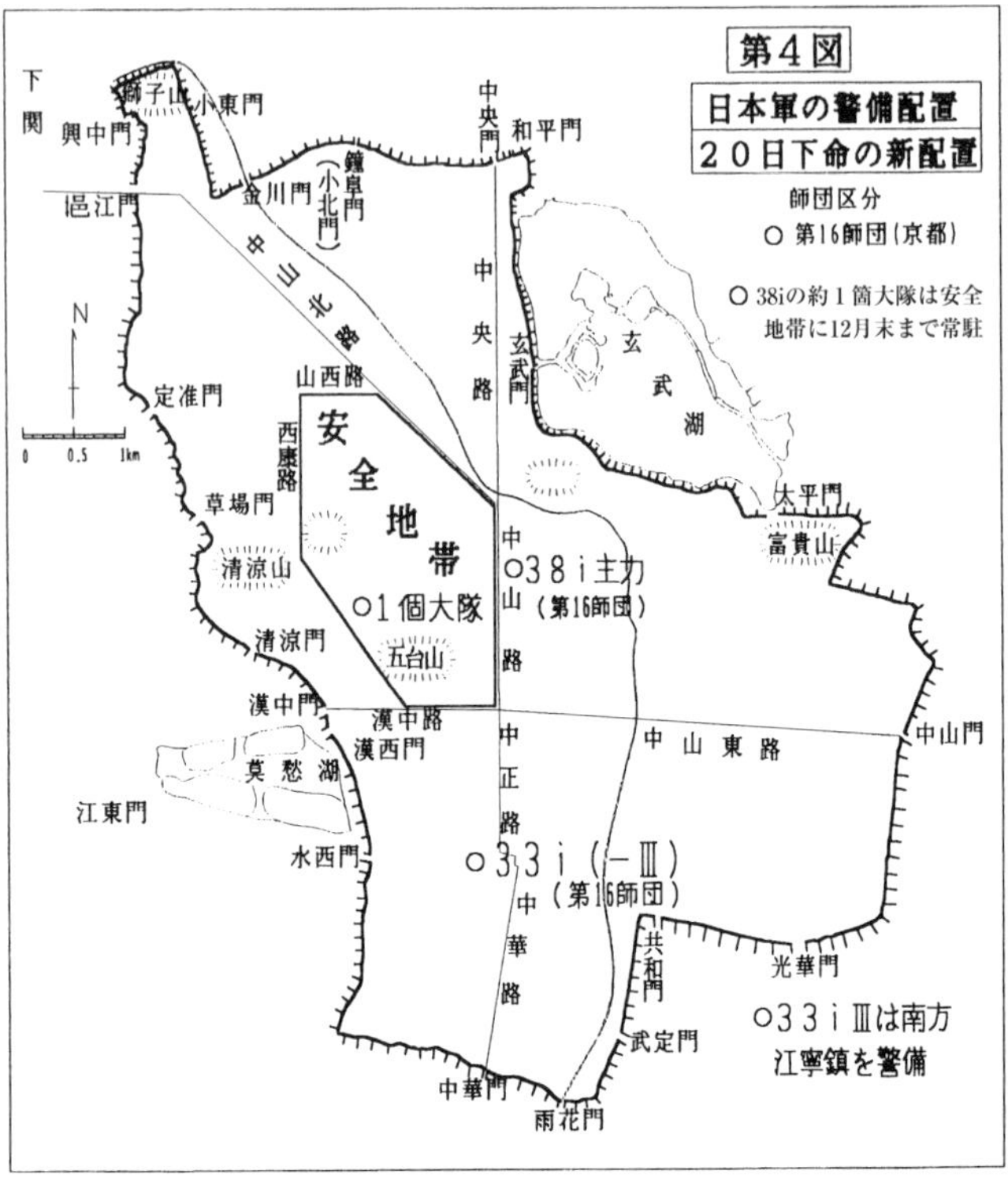

は」である。この表は安全地帯以外の所と安全地帯に分かれている。安全地帯以外の所では、まず、城内を城北部、東北部などに区分けして、各々の担当部隊名を記し、つぎに十二月十三日昼とかの各時点でのその部隊の動静を述べている。薄く黒く網掛けしてあるところは、その部隊の主力が城内にいなかったことを表している。即ち白抜きの所だけが城内にいた部隊なのである。この安全地帯以外の所を

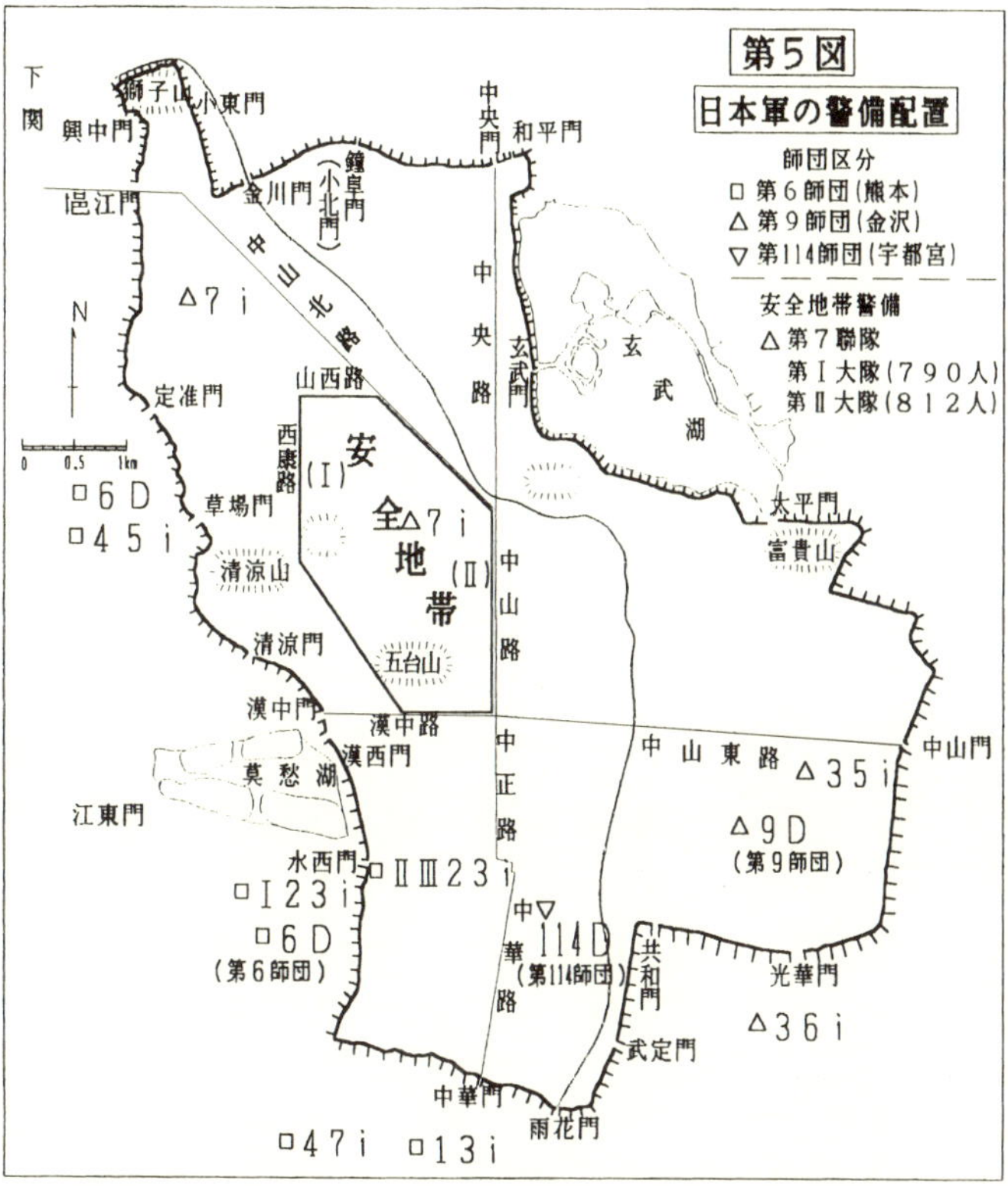

担当した部隊が城内にすらいなかったことがよく分ると思う。安全地帯以外を担当していた部隊はそれだけで「南京事件」に対してアリバイがあるのであるが、この表によって彼等は城内にいることすら少なかったことが分る。つぎに安全地帯を担当していた部隊の動きが比較的詳細に二の所に記されている。以上が「南京事件」の舞台と登場人物の説明である。

付表　南京城内の日本軍と住民――南京事件の現場とは

一、安全地帯以外の所　安全地帯以外の所に入城した日本軍将兵の見たものは、「死の静寂の街」であった。中国軍兵士もおらず、市民の姿もなかったので、日本軍部隊は他の作戦に従事するため、転戦して行った。（表の網掛け部分は日本軍部隊の主力が城内にいなかったことを示す）

月日	住民数	城北部 三三聯隊	城北部 三八聯隊	東北部 九聯隊	東北部 二〇聯隊	東南部 一九聯隊	東南部 三五聯隊
一二、一三昼	ほぼ〇	下関掃討	城外北部掃討	五中九中城内進入	四中のみ城内進入	四中のみ市街地へ	中山門西へ進入
一二、一三夜	ほぼ〇	下関野営	城外北部野営	ⅠⅡ主力城内宿営	ⅠⅡ主力城内宿営	聯隊は城外東方へ	中山門西に宿営
一二、一四	ほぼ〇	Ⅱが城内進入宿営	ⅠⅢ入城掃討 城外宿営	城内掃討後城外へ	城内掃討後城外へ	城外東方救援	中山門西に駐留
一二、十五～一二、二四	ほぼ〇	城外掃討	城外掃討	城外東方を掃討。後東方警備。	二〇聯隊Ⅰは帰城駐留	同上 二四日頃蘇州へ転進	
一二、二五～一、二二	ほぼ〇	三八聯隊主力が警備。（一箇大隊は一二月末まで安全区警備）		一、二三日北支へ。九、二〇聯隊もともに北支へ。		三三聯隊ⅠⅡ大隊が警備。Ⅲ大隊は江寧鎮を警備。一、二二日北支へ転進。	
一、二三～	二、一〇には九万	一二聯隊二三聯隊が警備。					
三月下旬	一一万七千	一万二千		他に菜園に一万二千		一万一千	

		一二、一三昼	一二、一三夜	一二、一四	一二、一五〜二四	〜一二月末	一、一〜	三月
南東	三六聯隊	光華門内へ進入	城外宿営	城外駐留				
	一一四師団	逐次入城。二〇日頃までに逐次抗州へ転進。						二万二千
南西部	一三聯隊	Ⅲのみ入城	主力は城外にて宿営、警備。		二二日までに転進。			五万八千
	四七聯隊	Ⅱのみ入城						
	二三聯隊	Ⅰのみ城内	Ⅱ（除く五中）及びⅢが城内宿営、警備。					
	四五聯隊	城外西方を掃討し、宿営警備。						

二、安全地帯　住民二十万余で、敗残兵が潜伏し、警備する日本軍は二千弱で、これが「南京事件」の現場であった。

月日	住民数	日本軍 担当	日本軍 摘要
一二、一三昼	二〇万	七聯隊のⅠⅡ大隊	掃討せず東南部に進出。
一二、一三夜	二〇万	七聯隊のⅠⅡ大隊	東南部に宿営。夜間に安全区を視察。
一二、一四	二〇万	七聯隊のⅠⅡ大隊	掃討開始宿営は東南部。Ⅲは安全区外北方を担当。
一二、五〜二四	二〇万	七聯隊のⅠⅡ大隊	区内宿営。一四、一五、一六日で敗残兵六千五百を処分。二四日頃転進。
〜一二月末	二五万	三八聯隊一箇大隊	良民証交付開始。敗残兵二千を摘発。
一、一〜	一六万（二、一〇）	担当の歩兵部隊なし	難民のもとの住所への移転を進める。
三月	九万五千	三月下旬のスマイス調査による	

南京の日本軍　「外国文献」の記事の統計（1．5．2）

記事掲載文献	安全記録	アメリカ篇	ヴォー日記	ラーベ日記	戦争とは何か	スマイス	海外報道	中国報道	中国著作	計
記事数	1	21	36	19	9	0	19	4	44	153

記事内容	南京攻略	日本軍の動静	治安	日本兵の批評	日本兵の善行	日本軍歓迎	日本軍の規律	雑	総評	計
事例数	21	33	21	9	9	3	5	1	3	105

記事内容の調査では中国文献は除外してある。

南京の日本軍の外国人に与えた印象はどうであったかを「外国文献」で見てみよう。

言うまでもなくそれは「残虐行為を行なった兵士たち」ということになるが、ここではそれ以外の印象についてデータを紹介する。（上表）

イ「南京攻略」では「松井大将が十日正午の回答期限で唐生智司令官に降伏勧告を行なった」ことを記しているが、その他の日本軍の入城模様の報道は伝聞が多いらしく不正確なところもある。しかし総体としては「市街戦は無用」「抵抗を受けることなく」日本軍は進入したが、「なお抵抗を続けるものもあり」、十四日に「日本軍の戦車、大砲、歩兵、トラックが街になだれ込んだ」という記事（マギー）は肯きにくい。

ロ「日本軍の動静」で十二月二十四日以降の記事に「新しい部隊が来た」「日本兵は城外へ撤収」「多くの部隊は南京を去り」「兵士の数は減った」とあるのは第七聯隊と第三十八聯隊の交替を表わしている。従って一月中旬の記事では「安全地帯の兵隊は少なくなった」という。

ハ　しかし治安の悪さを言うときには、決って「五万人以上の兵士に憲兵は十七人」という。「また警備の兵士がいろいろ要求する」と主張したが、十二月二十四日以降の南京城内には四、五千人の日本兵しかいなかったのである。
ニ　しかし一般的に日本兵も悪者ばかりではなく、「丁寧で礼儀正しいものもおり」「親切で友好的なものもいる」という。
ホ　日本軍入城に際しては「中国人は歓声を上げて歓迎した」。
へ　しかしその後の日本軍の規律は悪く、これは「兵隊の統制を取れず」、「兵士は上官の言うことを殆ど聞かないからだという」。
ト　日本軍は南京を「単なる野営の基地としか思わず、南京には政治経済の実態はない」また「中立の外国人の監視下での占領は世界史にも例がないと日本軍は言っている」と日本軍の占領地管理面での無策を批判している。

この最後の点は重要な問題であり、本書の最後において今一度採り上げたい。

以上で「南京事件」の舞台とは何であるか、その登場人物はどういう人たちであったかの説明を終わる。続いて、この舞台と登場人物でどういう事件が起こったのかを説明したいが、その前に南京進撃途上の日本軍その他について若干の説明をしたい。

まず南京進撃中の日本軍及び南京城壁城門攻略時の日本軍の模様はどうであったろうか。

第六章　日本軍の南京進撃

上表を見られたい。

ここには六十五件の記事があり（入城後の記事を除くと六十件）、中国関係のものを除くと五十三件（五十八件から入城後の五件を除く）の記事がある。

イ　日本軍はドイツ軍事顧問が構築した防衛ラインを相手にせず、南京に進撃した。ラーベは日本軍が毒ガス使用の噂があると言っている。

ロ　松井大将は十二月九日唐生智宛てに投降勧告状を飛行機で城内に撒いたが、回答期限までに返事がなかったので十二月十日午後南京総攻撃を命じた。

ハ　かくて城門城壁の攻防を巡る激戦となった。

ニ　しかし日本軍は城内砲撃に際しては、安全地帯を避けて行

南京進撃　「外国文献」の記事の統計（1．6．1）

記事掲載文献	安全記録	アメリカ篇	ヴォー日記	ラーベ日記	戦争とは何か	スマイス	海外報道	中国報道	中国著作	計
記事数	0	6	18	13	5	1	15	6	1	65
本調査では「中国報道」「中国著作」は省いて行った。										
記事内容	毒ガス使用	南京進撃	降伏勧告	城門城壁攻略	安全地帯配慮	入城と市街戦	江上戦とパナイ号	戦争被害	その他	計
記事数	1	15	4	18	2	5	4	5	4	58

（ここには日本軍入城後の記事が５件ほど混入しているが、除外して考えたい）

なった。
ホ　しかし、揚子江上ではパナイ号爆撃事件があった。
ヘ　『戦争とは何か』には戦争被害として上海～南京で千八百万人が家を追われ、中国軍と一般市民が各々三十万人宛死傷したと虚説を述べる。スマイスはしかし市の東南では生命財産の被害は少なかったという。
ト　一方、百人斬り競争はその後の南京入城後の暴行を首肯させるものと称し、日本軍は南京に行けば美しい娘が手にはいると進撃中励まされていたという。
チ　蔣介石は米大統領に「日本の行為はわが領土に対する非道な侵略だ」との親書を送った。
　では、日本側の記事はどうであろうか（上表）。

南京進撃にかんする「日本側文献」の統計（1．6）

記事内容	中支那方面軍設置	南京進撃	南京攻略要領	和平開城勧告	南京攻略開始	計
記事数	6	5	3	3	1	22

イ　杭州湾に援軍の第十軍が上陸したので、従来の上海派遣軍と第十軍の上に中支那方面軍が設けられた。
ロ　十一月二十八日「南京攻略命令」が出された。
ハ　全軍は南京に進撃したが鉄道は破壊されて、使えなかったので陸路を急進撃した。
ニ　十二月十日「和平開城勧告」が無視されたので（回答を待機中、日本側は攻撃を中止していたが、中国側は構わず銃撃を続けた）、攻撃を再開した。その攻撃に当たっては国際法学者の意見をいれた「攻撃要領」を出した。

ホ　ガス使用は朝香宮上海派遣軍司令官が裁可されなかった。

南京進撃は無理な強行軍で、多くの問題を孕んでいたというが、どうであったろうか。

第七章　南京進撃中の補給と暴行（次頁の表）

イ　南京進撃途上の補給に日本軍は苦労した。これは日本軍の進撃が早かったことと、清野作戦のために食糧物資が手にはいらなかったからであるという（天谷少将）。

ロ　しかし暴行があったという記事八件は、時間的に見て、「南京虐殺」報道がなされた後から、付随的に追加してなされたもので、日本軍進撃中の実況報道ではない。

南京進撃中の補給問題を「日本側文献」で見よう。

これにかんする日本側の文献には、三十一件の記事がある（表はない）。いずれも第一線まで補給が届かず、将兵は苦労したことを告げている。特に杭州湾に上陸した第十軍の兵站部隊が技術的困難のために杭州湾に上陸できず、揚子江に回ったので、補給は途中まで全く出来なかった。そこで上海派遣軍も第十軍も「現地調達主義」という現地徴発に頼らざるをえなかった。幸いに

南京進撃中の補給と暴行　「外国文献」の統計（1．7．1）

記事掲載文献	安全記録	アメリカ篇	ヴォー日記	ラーベ日記	戦争とは何か	スマイス	海外報道	中国報道	中国著作	計
記事数	0	2	0	7	1	0	3	1	1	15
本調査では「中国報道」「中国著作」は考慮していない。										
調査では補給の記事が5件、暴行の記事が8件ある。										

現地は豊富な資源があったので、給養には困らなかった。ここには記事となっていないが、他の文献によれば「徴発はみんなで行き」（『南京戦元兵士102人の証言』）「指揮官引率の下、領収書を発行して（住民不在の場合は料金引換証を残して）おこなわれた」（『日本「南京」学会会報』第六号五頁）。鶏、豚、野菜等である。「大きな水牛一頭二十銭は安い」（『南京大虐殺を記録した皇軍兵士達』三六七頁）と言っている兵士もいる。しかしすべての徴発が規定通り行なわれたわけではなく「住民には済まなかったが、無人の農家で無断で失敬したこともあり、これも戦場のならい」と言っている小隊長もあり、威力による徴発もあったであろうが、一部論者の言う如く「徴発はイコール略奪」であったわけではない。

南京進撃中の暴行については「日本側文献」には、記事はない。

第八章　南京空襲と砲撃

日本軍の南京空襲は各方面の非難を浴びた。その様子を見てみよう。「外国文献」にはこれについて次頁表の如く百十の記事があり、その内容

空襲、砲撃「外国文献」の記事の統計（1．8．1）

記事掲載文献	安全記録	アメリカ篇	ヴォー日記	ラーベ日記	戦争とは何か	スマイス	海外報道	中国報道	中国著作	計
記事数	1	20	12	27	5	0	30	8	7	110

は次頁表のようである。

イ　南京市民、残留外国人を悩ました空襲の記事は多い。八月から始まり、百何十回と数えている人もいる。

ロ　軍事施設を狙った（軍用飛行場、国民党支部、西南部の軍中枢等）ので一般の被害は少なかった。しかし流れ弾が病院、ホテル、牧師館等に落ちた。そこで「街中隅なき爆弾投下」「焼夷弾を投ず」とも記録された。しかし一般には「立派な建物は避けた」とされている。

ハ　人的被害も偶発的、散発的であった。

ニ　しかし諸外国には評判悪く、たびたび抗議された。

ホ　そのつど、「目標は軍事施設に限る」と日本側は弁明し、「空襲制限」を言っている。

ヘ　市内の砲撃も紫金山に気球を上げ、目標を定めて撃ち、安全地帯は避けたので、国際委員会から「感謝」されている。

ト　揚子江上のパナイ号を爆撃した事件は誤爆であり、その旨米国に陳謝している。

空襲、砲撃についての「日本側文献」の記事は八件ある（表はない）。

南京空襲は八月十五日の大村からの渡洋爆撃から始まった。「反撃を受けたの

空襲、砲撃記事の記事内容（1．8．1）

記事内容	空襲	物的被害	人的被害	諸外国の非難	日本の釈明	空襲対策	砲撃	安全地帯は	パネー号など	計
記事数	24	15	16	5	5	5	9	10	6	95

この調査では「中国報道」「中国著作」は考慮していない。

で爾後空襲は夜間とした」。やがて中国の飛行場が使えるようになったので空襲は容易となった。軍事目標に限って行なった。「友軍の寛大な措置で、爆撃は城外に限られ」という兵士もいた。一方、国民政府、軍官学校は「完膚無きまでにやられていた」というが、実際はほぼ無傷であった。

（次頁以下に南京の日本軍の動静を地図上に日付順にやや詳細に示した）

第６図　12月13日　日中

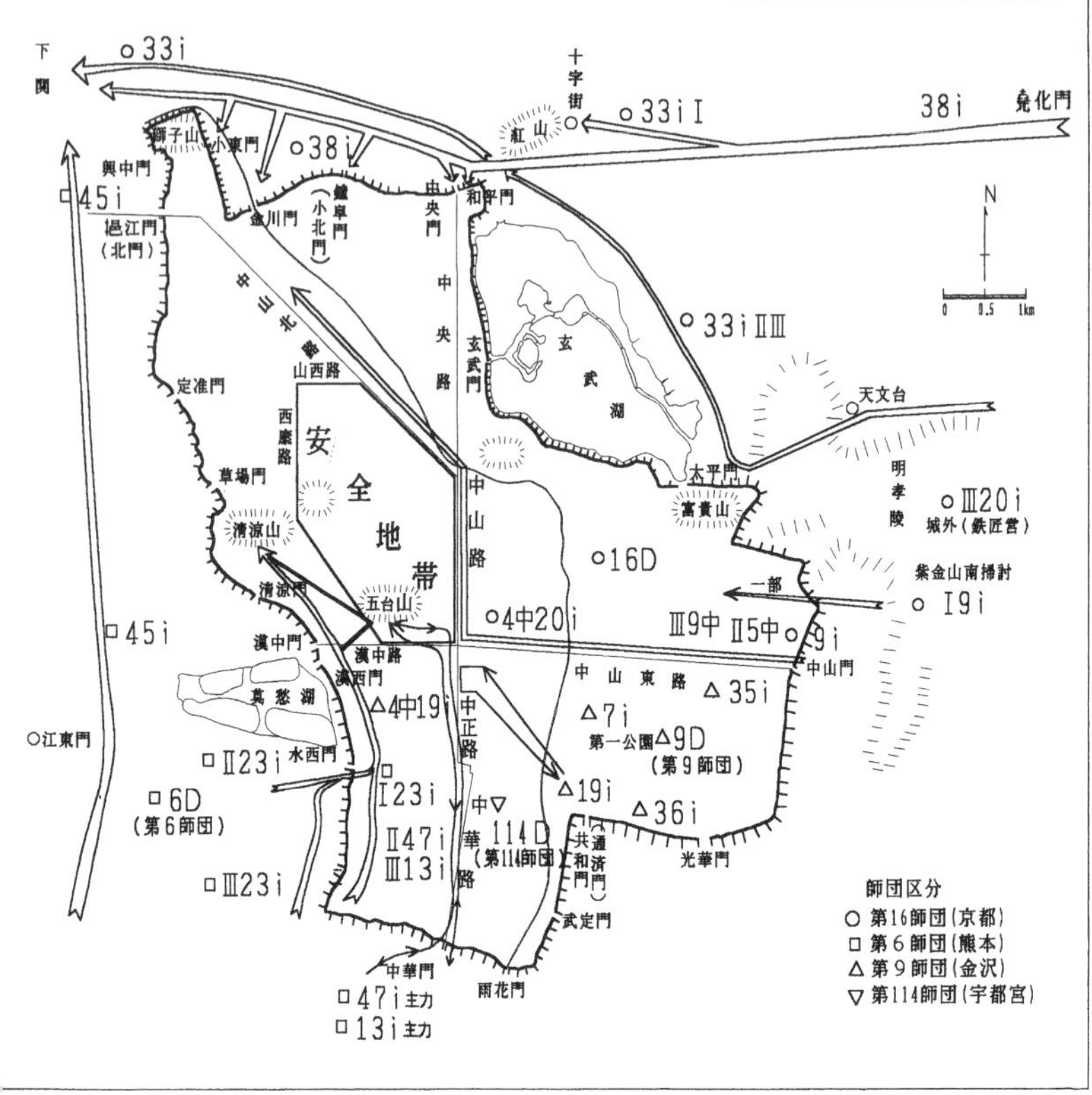

上海派遣軍	師団名	旅団名	聯隊名	担当地区	12／13（日中） （各部隊とも城内では敵兵を見ず、住民を見ず）	参考資料 南京戦史、同資料集	参考資料 兵団史、聯隊史等
上海派遣軍	16D 京都	30B 津	33i 津	城外	紫金山北方より午後2時30分主力は下関に達し、江上の敵を２千余撃滅。	戦史-p-155	
			38i 奈良		城北に面する５つの城門を占領して敵の退路を断ち、下関で敵を射殺した。	戦史-p-86、戦資Ⅰ-p271	
		19B 京都	9i 京都	城内東北部一部城外	Ⅱ５中、Ⅲ９中は午後２時入城。Ⅰは紫金山南を掃討。	戦史-p-166、犬飼氏	
			20i 福知山		Ⅲは城外（鉄匠営）、４中が先発入城。	戦史-p-166、戦資Ⅰ-p-217,505,犬飼氏	
	9D 金沢	6B 金沢	7i 金沢	城内東南部	東南部を担当。	戦史-p-190、戦資Ⅰ-p-368	
			35i 富山		南部掃討隊となる。		35聯隊史-p-245
		18B 敦賀	19i 敦賀	城内東南部	東南部を掃討、４中は先発隊。通済門西側に集結。	戦史-p-155	19聯隊史-p-131
			36i 鯖江		城内進入後、城外防空学校に集結。	戦史-p-179	
第十軍	6D 熊本	11B 熊本	13i 熊本	城内南西部過半城外	１個大隊が城内進入、五台山方面へ。	戦史-p-222	熊本兵団戦史-中巻-p-124
			47i 大分		１個大隊が城内進入、五台山方面へ。	戦史-p-222	熊本兵団戦史-中巻-p-124
		36B 鹿児島	23i 都城	城内南西部	Ⅰ大隊は城内をⅡ大隊は城外を,城壁沿いに水西門より清涼山へ。	戦史-p-222	23聯隊戦記-p-224
			45i 鹿児島	城外	上河鎮、江東門から下関へ。	戦史-p-225	45聯隊史-p-232
	114D 宇都宮	127B 宇都宮	66i 宇都宮	城内東南	中華路以東を担当。	戦資Ⅰ-p-451,558	
			102i 水戸				
		128B 高崎	115i 高崎				
			150i 松本				

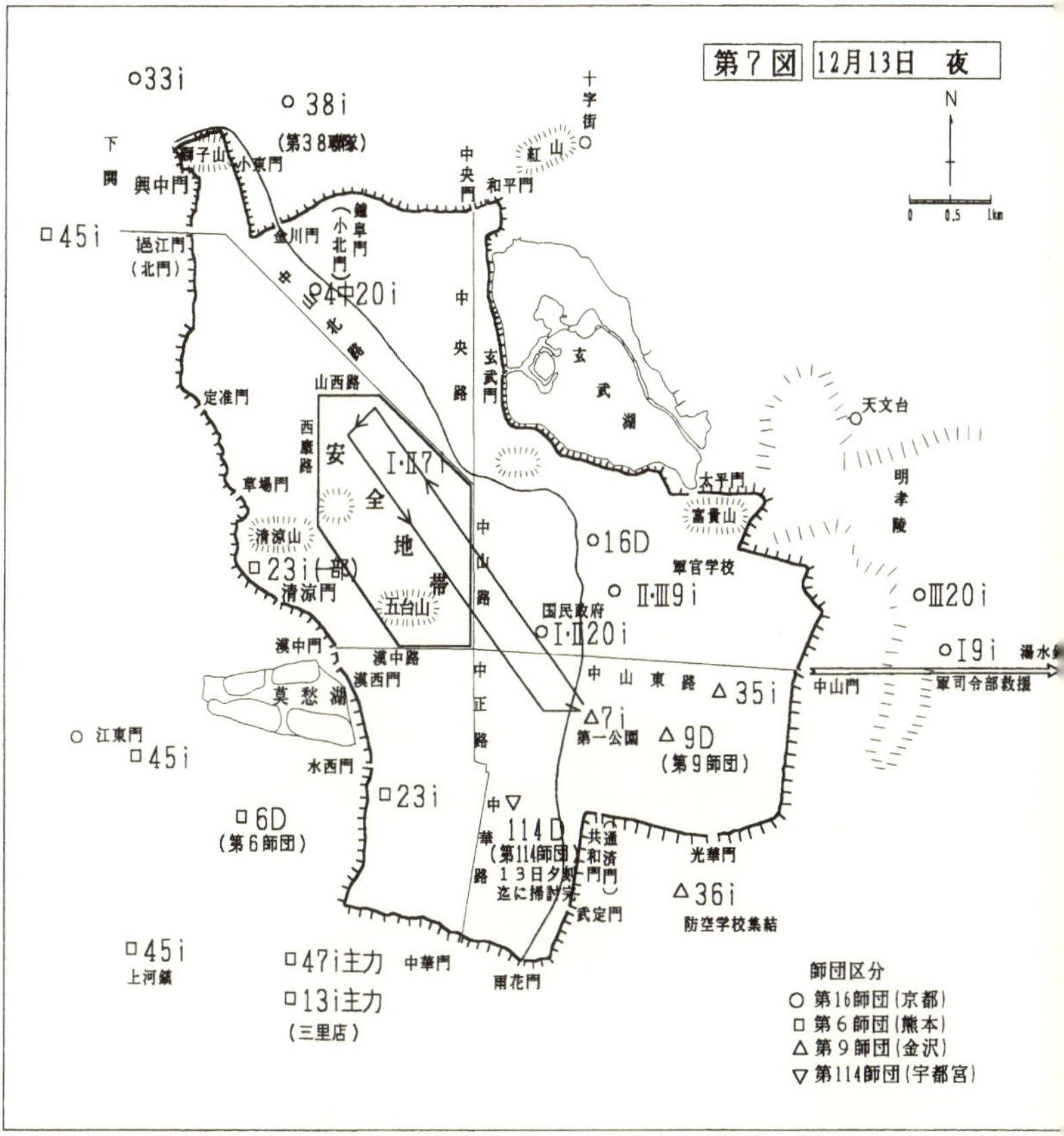

		師団名	旅団名	聯隊名	担当地区	12/13（夜）（12・13夜）	参考資料 南京戦史、同資料集	参考資料 兵団史、聯隊史等
中支那方面軍	上海派遣軍	16D 京都	30B 津	33i 津	城外	下関に村落露営。	戦史-p-155	
				38i 奈良		城北北部に露営。	戦資Ⅰ-p-480	
			19B 京都	9i 京都	城内東北部	ⅡⅢ大隊が軍官学校に宿営。	戦史-p-166、犬飼氏証言	
				20i 福知山	一部城外	ⅠⅡ大隊が国民政府に宿営。	戦史-p-166、犬飼氏証言	
		9D 金沢	6B 金沢	7i 金沢	城内東南部	第一公園付近に宿営。	戦史-p-190、戦資Ⅰ-p-368	
						17時30分より安全地帯を視察3時前後帰還。	戦資Ⅰ-p-369,513	
				35i 富山		中山門西南地区に宿営。	戦史-p-181	
			18B 敦賀	19i 敦賀	城外	湯水鎮（城外東方）の軍司令部救援。	戦史-p-249,歩19史P-133	
				36i 鯖江	城内東南部	防空学校に集結。	戦史-p-179	
	第十軍	6D 熊本	11B 熊本	13i 熊本	城外	主力は中華門と三里店間に宿営。		熊本兵団戦史-中巻-p-124
				47i 大分		主力は中華門と三里店間に宿営。		熊本兵団戦史-中巻-p-124
			36B 鹿児島	23i 都城	城内南西部	Ⅰは水西門付近ⅡⅢは清涼山。	戦資-p-337,3415,585	23聯隊戦記-p-224、熊本兵団戦史中巻-p-124
				45i 鹿児島	城外	江東門、上河鎮、下関にて宿営。	戦史-p-225、戦資Ⅰ-p-354,585	45聯隊史-p-232、熊本兵団戦史中巻-p-125
		114D 宇都宮	127B 宇都宮	66i 宇都宮	一部城内 一部城外	一部城内中華路以東、一部雨花台。	戦資Ⅰ-p-451,558	150聯隊史-p-964
				102i 水戸				
			128B 高崎	115i 高崎				
				150i 松本				

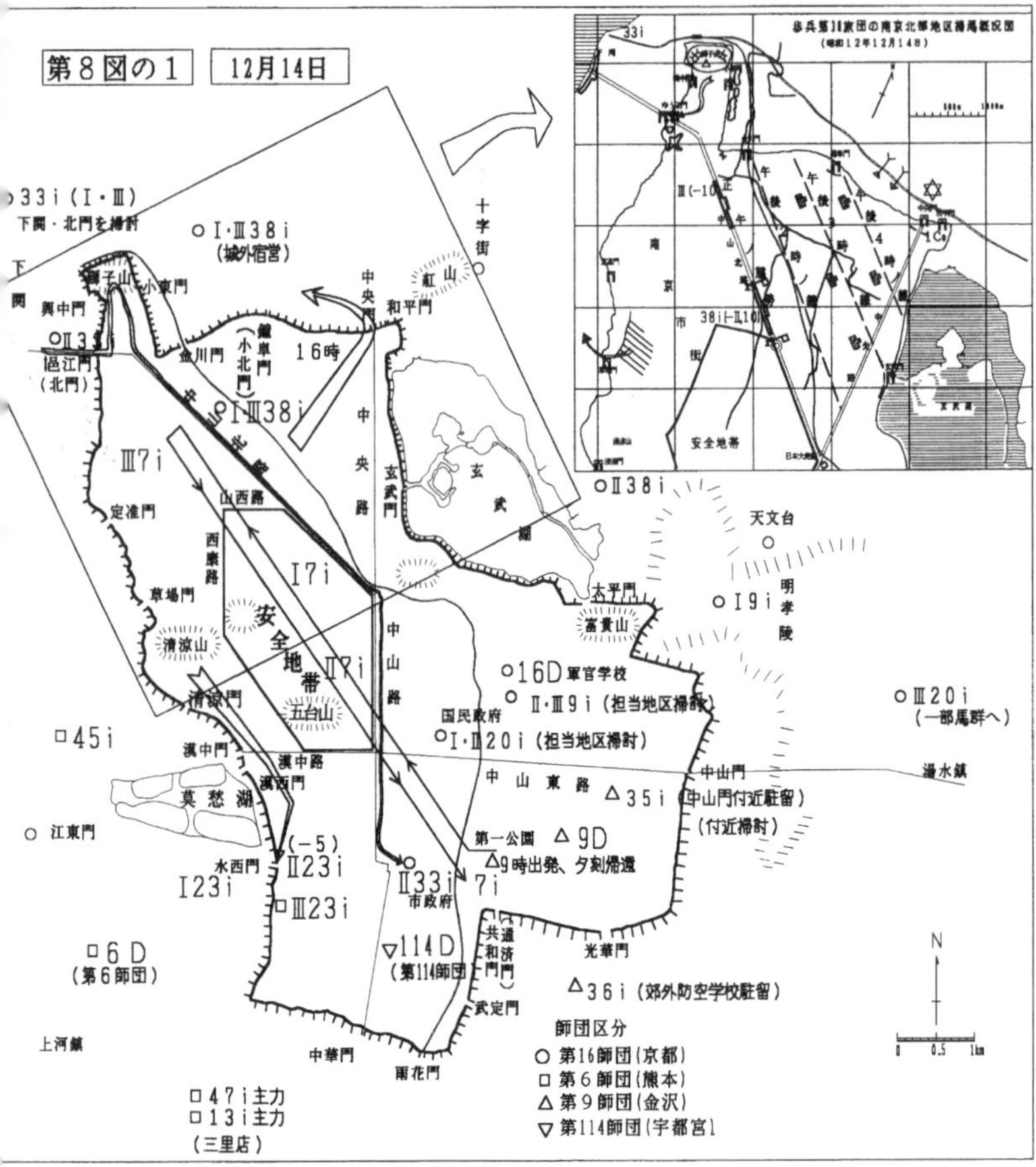

	上	師団名	旅団名	聯隊名	担当地区	12／14	参考資料	
						掃討中殆ど敵兵住民を見ず（7聯隊を除き）	南京戦史、同資料集	兵団史、聯隊史等
中支那方面軍	海派遣軍	16D 京都	30B 津	33i 津	城外 一部城内	Ⅱ大隊のみ城内に進入、獅子山にて敵兵200人を捕虜とした後、中山北路沿いに掃討。市政府（○33iの所）に宿営。	戦史ｐ-157,161	
				38i 奈良	城内→城外	図の如くⅠⅢ大隊が城内東北部を掃討。城外に宿営。Ⅱは紫金山	戦史ｐ-155,158	
			19B 京都	9i 京都	城内東北部	ⅡⅢ大隊が担当地域を掃討。Ⅰは紫金山。	戦史ｐ-166,P-238	
				20i福知山	一部城外	ⅠⅡ大隊が担当地区を掃討。Ⅲは一部馬群へ。	戦史ｐ-166,P-238	
		9D 金沢	6B 金沢	7i 金沢	城内東南部	午前9時出発、夕刻帰還にて、安全地帯の掃討。	戦史ｐ-192（分担は地図）	
				35i 富山		師団直属となり、中山門付近に駐留、付近掃討。		35聯隊史ｐ-245
			18B 敦賀	19i 敦賀	城外	湯水鎮（城外東方）の軍司令部警護。	戦史ｐ-249	
				36i 鯖江	城内東南部	防空学校に駐留。	戦資Ⅱｐ-382,384	
	第十軍	6D 熊本	11B 熊本	13i 熊本	城外 一部城内?	6師団、13日夜と変わらず。13日は入城せず。14日に選抜隊を入城させたとの記事もある。	戦史ｐ-222	熊本兵団戦史・中巻ｐ-129
				47i 大分		13日は入城せず。14日に選抜隊を入城させたとの記事もある。	戦史ｐ-222	熊本兵団戦史・中巻ｐ-129
			36B 鹿児島	23i 都城	城内南西部	23聯隊は清涼山より水西門付近へ。下記、注記参照	戦資ｐ-337,3415,585	23聯隊戦記ｐ-224、熊本兵団戦史中巻ｐ-124
				45i 鹿児島	城外		戦史ｐ-225、戦資Ⅰｐ-354,585	45聯隊史ｐ-232、熊本兵団戦史中巻ｐ-125
		114D 宇都宮	127B 宇都宮	66i 宇都宮	一部城内 一部城外	13日夕までに担当地区の掃討を終え、東南部に宿営。	戦資Ⅰｐ-558,568	150聯隊史ｐ-964
				102i 水戸				
			128B 高崎	115i 高崎				
				150i 松本				

1聯隊＝3個大隊（Ⅰ、Ⅱ、Ⅲ）、3千数百人～4千人、　Ⅰ大隊－4個中隊（1中、2中等と略す）、1個中隊は約250人、　他に師団には、砲兵、工兵等がいた。

（例）Ⅲ33i＝第33聯隊第3大隊　　7i5中＝第7聯隊第5中隊　　9i（－Ⅲ）＝第9聯隊（除く第3大隊）　Ⅱ（-5）は第5中隊を除く第2中隊。

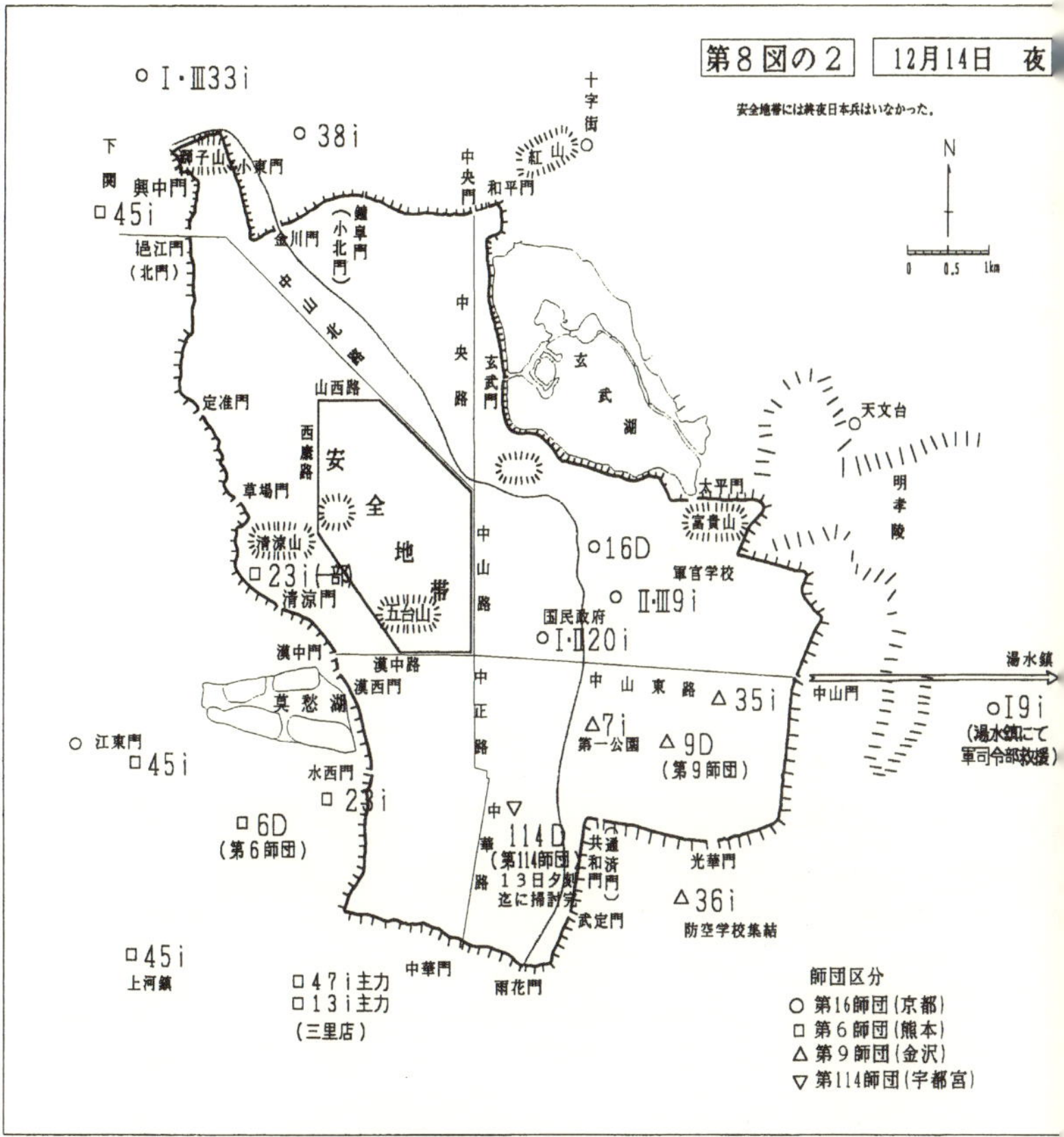

安全地帯には終夜日本兵はいなかった。

軍		師団名	旅団名	聯隊名	担当地区	12／14（夜）（13日の夜と殆ど変わらない）	参考資料 南京戦史、同資料集	参考資料 兵団史、聯隊史等
中支那方面軍	上海派遣軍	16D 京都	30B 津	33i 津	城外	下関に村落露営。第2大隊は城内の市政府にて宿営。	戦史p-155	
				38i 奈良	一部城内	城北北部に露営。	戦資Ⅰp-480	
			19B 京都	9i 京都	城内/城外	ⅡⅢ大隊が軍官学校に宿営。	戦史p-166、犬飼氏証言	
				20i 福知山	城内東北部	ⅠⅡ大隊が国民政府に宿営。	戦史p-166、犬飼氏証言	
		9D 金沢	6B 金沢	7i 金沢	城内	7i、終夜第一公園近くにて宿営。	戦史p-190、戦資Ⅰp-368	
				35i 富山	城内東南部	中山門西南地区に宿営。	戦史p-181	
			18B 敦賀	19i 敦賀	城外	湯水鎮（城外東方）の軍司令部救援。	戦史p-249	
				36i 鯖江	城内東南部	防空学校に集結。	戦史p-179	
	第十軍	6D 熊本	11B 熊本	13i 熊本	城外	主力は中華門と三里店間に宿営。		熊本兵団戦史中巻p-124
				47i 大分		主力は中華門と三里店間に宿営。		熊本兵団戦史中巻p-124
			36B 鹿児島	23i 都城	城内南西部	城内進入部隊は水西門近くにて宿営。	戦資p-337,3415,585	23聯隊戦記p-224、熊本兵団戦史中巻p-124
				45i 鹿児島	城外	江東門、上河鎮、下関にて宿営。	戦史p-225、戦資Ⅰp-354,585	45聯隊史p-232、熊本兵団戦史中巻p-125
		114D 宇都宮	127B 宇都宮	66i 宇都宮	一部城内 一部城外	一部城内中華路以東、一部雨花台。	戦資Ⅰp-451,558	150聯隊史p-964
				102i 水戸				
			128B 高崎	115i 高崎				
				150i 松本				

1聯隊＝3個大隊（Ⅰ、Ⅱ、Ⅲ）、3千数百人～4千人
Ⅰ大隊－4個中隊（1中、2中等と略す）、1個中隊は約250人
他に師団には、砲兵、工兵等がいた。
（例）Ⅲ33i＝第33聯隊第3大隊
9i（－Ⅲ）＝第9聯隊（除く第3大隊）
7i5中＝第7聯隊第5中隊

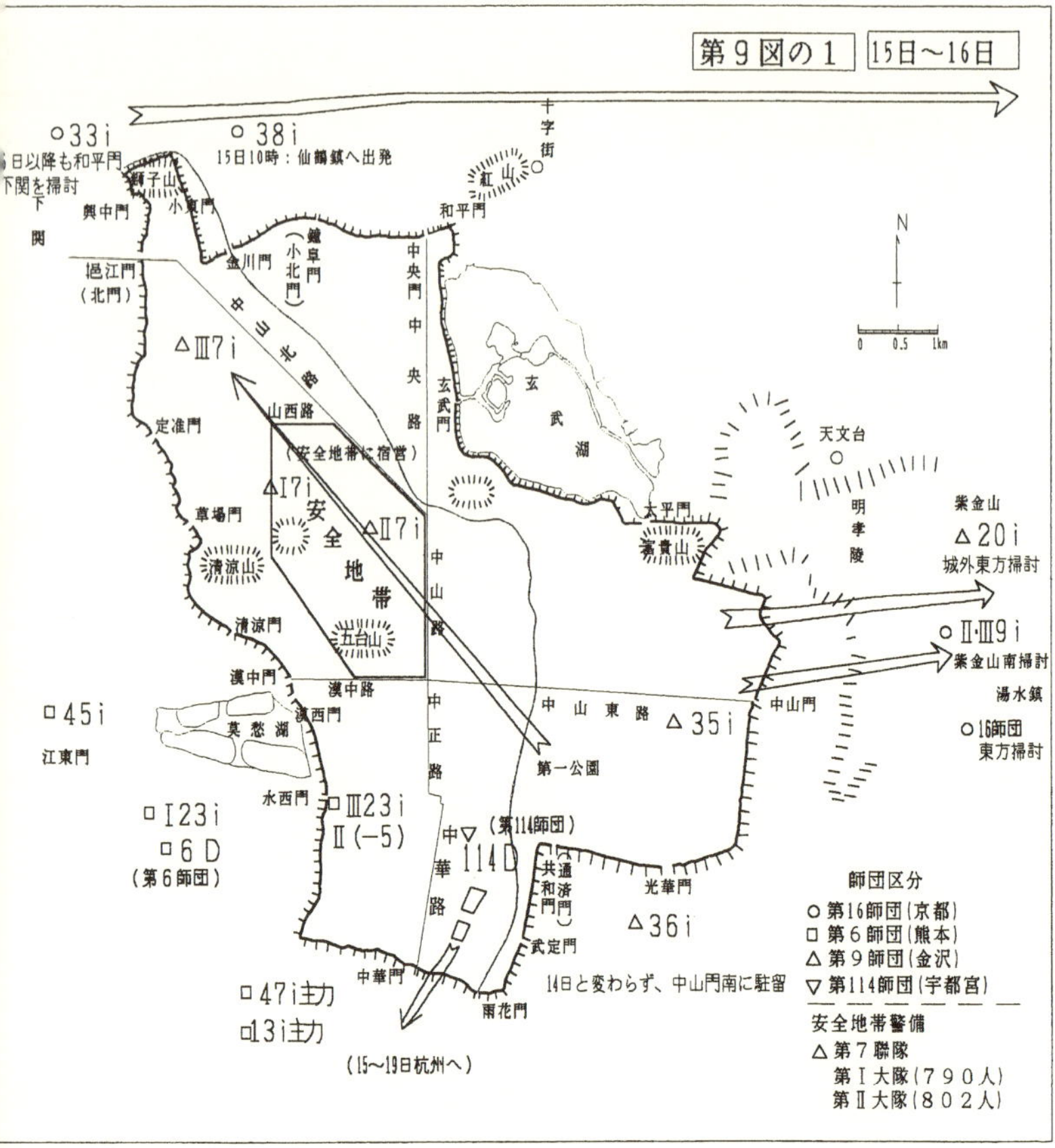

	師団名	旅団名	聯隊名	担当地区	12/15・16 16師団の東方掃討、第十軍の転進（12月15日～24日）.	参考資料 南京戦史、同資料集	兵団史、聯隊史等
上海派遣軍	16D 京都	30B 津		城外	16師団15日より城外を掃討.	戦史-p-166、戦資Ⅰ-p-222	
			33i 津		16日以降も和平門、下関等の城外を掃討. 城内外掃討.	戦史-p-157	33聯隊史-p-411
			38i 奈良		15日10時下関発、仙鶴門へ.	戦資Ⅰ-p-480	38聯隊行動概要3
		19B 京都	9i 京都	城外	入城したⅡⅢ大隊は紫金山南を掃討.	戦史-p-169	
			20i 福知山		各大隊は城外東方を掃討.	戦資-p-505,406	
	9D 金沢	6B 金沢	7i 金沢	安全地帯	安全地帯掃討、15日に安全地帯内に宿舎が決まる。 14·15·16の3日間の掃討で約6500人を厳重処分す. 戦闘参加人員、Ⅰ大隊790（108)、Ⅱ大隊791（行李等134).	戦史-p-199 戦史-p-196 戦資Ⅰ-p-519	
			35i 富山	東南部	14日と変わらず。中山門南に駐留.	戦史-p-181	
		18B 敦賀	19i 敦賀	城外	湯水鎮（城外東方）の軍司令部救援.	戦史-p-249,歩19史P-133	
			36i 鯖江		引き続き防空学校に駐留. 南京見学は将校引率のこと.	戦資Ⅱ史-p-384	
第十軍	6D 熊本	11B 熊本	13i 熊本	城外	主力は中華門と三里店間に宿営.		熊本兵団戦史-中巻-p-124
			47i 大分		主力は中華門と三里店間に宿営.		熊本兵団戦史-中巻-p-124
		36B 鹿児島	23i 都城	南西部	城内進入部隊は水西門近くにて宿営.	戦資-p-337,3415,585	23聯隊戦記-p-224
			45i 鹿児島	城外	江東門、上河鎮、下関にて宿営.	戦史-p-225、戦資Ⅰ-p-354,585	45聯隊史-p-232、熊本兵団戦史中巻-p-125
	114D 宇都宮	127B 宇都宮	66i 宇都宮	転進	15日～19日にかけて杭州に転進.	戦資Ⅰ-p-557	150聯隊史-p-964
			102i 水戸				
		128B 高崎	115i 高崎				
			150i 松本				

第９図の２　17日〜24日

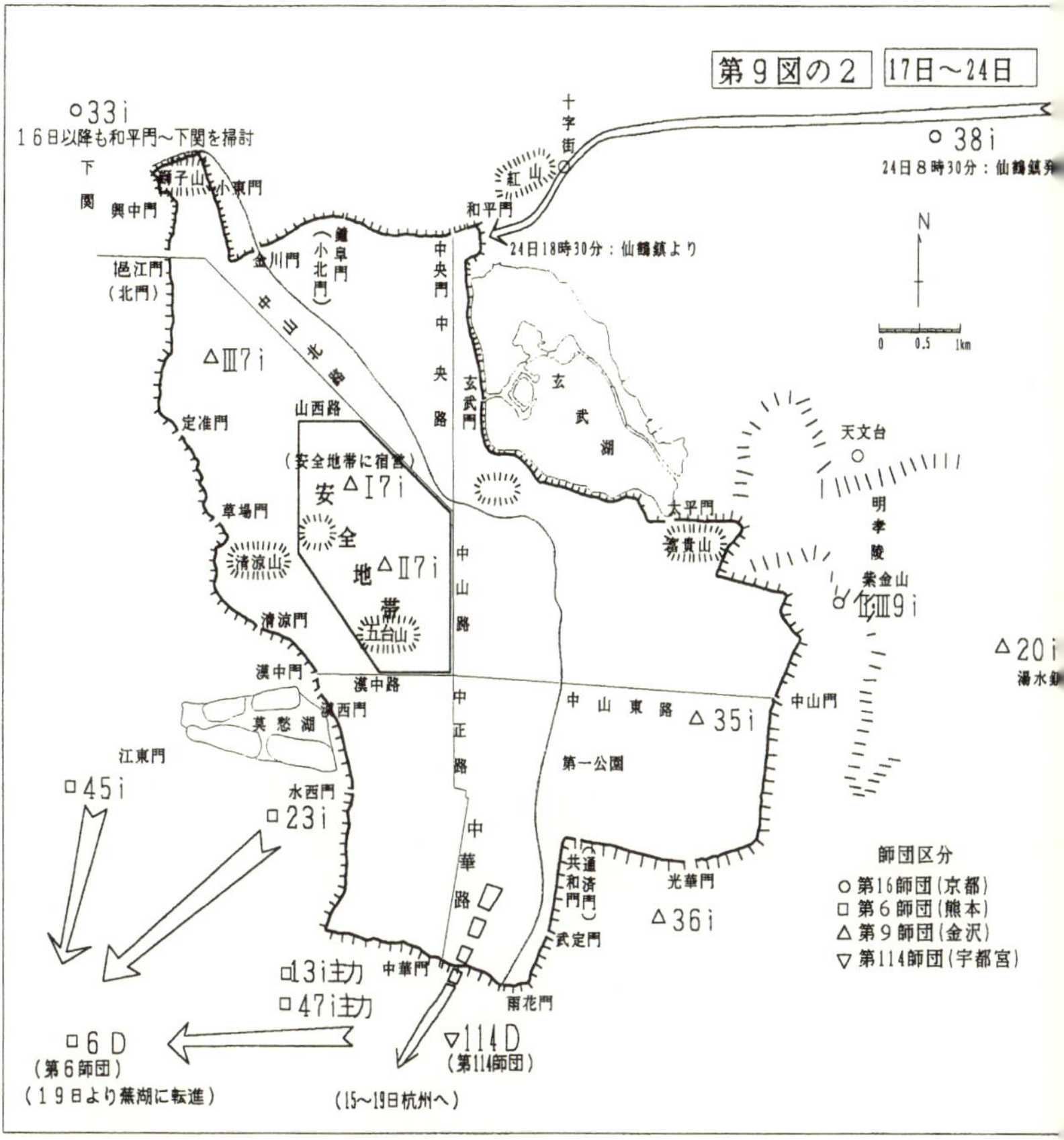

		師団名	旅団名	聯 隊 名	担当地区	１２／１７〜２４	参考資料	
						１６師団の東方掃討。第十軍の転進（12月15日〜24日）。	南京戦史、同資料集	兵団史、聯隊史等
中支那方面軍	上海派遣軍	16D 京都	30B 津		城外	１６師団15日より城外を掃討。	戦史-p-166、戦資Ⅰ-p-222	
				33i 津		16日以降も和平門、下関等の城外を掃討。城内外掃討。	戦史-p-157	33聯隊史-p-411
				38i 奈良		24日8時30分、仙鶴門発。南京に16時着		38聯隊行動概要３
			19B 京都	9i 京都	城外	入城したⅡⅢ大隊は紫金山南を掃討。	戦史-p-169	
				20i 福知山		各大隊は城外東方を掃討。（Ⅰは20日南京帰城）	戦資-p-505,406	
		9D 金沢	6B 金沢	7i 金沢	安全地帯	安全地帯内に宿営（Ⅰ・Ⅱ）。	戦史-p-199	
				35i 富山	東南部	中山門南に駐留。	戦史-p-181	
			18B 敦賀	19i 敦賀	城外	湯水鎮（城外東方）の軍司令部救援。	戦史-p-249	
				36i 鯖江		引き続き防空学校に駐留。南京見学は将校引率のこと。	戦資Ⅱ史-p-384	
	第十軍	6D 熊本	11B 熊本	13i 熊本	転進	19日より蕪湖に向けて転進開始。	戦史-p-383	
				47i 大分				
			36B 鹿児島	23i 都城				
				45i 鹿児島				
		114D 宇都宮	127B 宇都宮	66i 宇都宮	転進	15日〜19日にかけて杭州に転進。	戦資Ⅰ-p-557	150聯隊史-p-964
				102i 水戸				
			128B 高崎	115i 高崎				
				150i 松本				

第10図 12月24日～1月22日の配置

		師団名	旅団名	聯隊名	担当地区	12／24以降	参考資料	
中支那方面軍	上海派遣軍					12月24以降の南京城内は2個大隊未満の兵が警備した。	南京戦史、同資料集	兵団史、聯隊史等
		16D 京都	30B 津			軍は12月21日、各師団は次の新配置に移行した。	戦史 p-383	
				33i 津	城内/転進	Ⅰ Ⅱ大隊が12月22日南京入り、城内南部を担当。Ⅲは江寧鎮担当。		33聯隊史 p-415,422
				38i 奈良	城内	12月24日16時南京着、以後主力を以って南京工作を受け持つ。 うち、約一個大隊は12月末まで安全地帯に常駐。	戦資Ⅰ p-471	38聯隊行動概要3
			19B 京都	9i 京都	転進	Ⅱ Ⅲ大隊は湯水鎮・句容・末陵関へ。	戦史 p-383	
				20i 福知山	城内/転進	直轄部隊（Ⅰ大隊のみ）城内駐留。/ Ⅱ Ⅲ大隊は湯水鎮・句容・末陵関へ。	戦史 p-383	
		9D 金沢	6B 金沢	7i 金沢	転進	司令部、第6旅団主力（金沢・富山）は蘇州・常熟へ転進。 安全地帯担当の7聯隊は12月24日引継ぎを終わった。	戦資Ⅰ p-517	
				35i 富山				
			18B 敦賀	19i 敦賀	転進	12月25日　昆山へ向け出発。		歩19史 p-133 歩36行動概要 p-80
				36i 鯖江		12月24日　嘉定へ向け出発。		

第11図 **1月22日以降の配置**

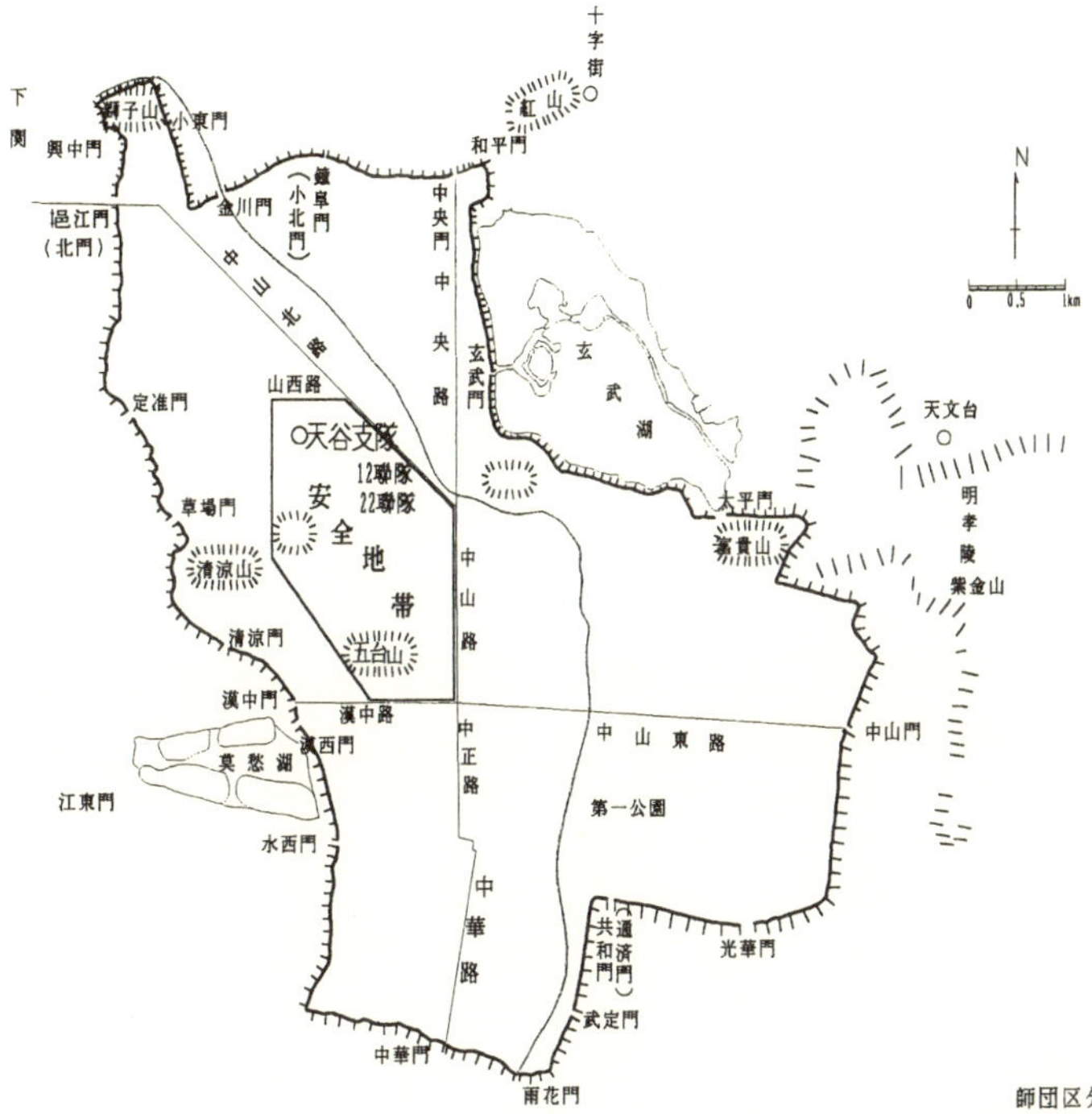

師団区分
天谷支隊

		師団名	旅団名	聯隊名	担当地区	昭和12年1月22日以降	参考資料	
						1月22日以降天谷支隊が16師団の後を引き継ぎ警備した。	南京戦史、同資料集	兵団史、聯隊史等
		11D 善通寺		12i 丸亀 22i 松山	城内	編成は16師団と同様と思われる。	戦資Ⅰ-p-276	12聯隊史-p-121,22聯隊歴史-p-60

第二篇　安全地帯という舞台の上で起こった事件

敗残兵の掃討と市民に対する事件

概説

安全地帯という舞台の上で起こった事件は二種類にわけられる。一つは敗残兵の掃討であり、一つは市民に対してなされたという不法行為である。第二篇ではこの二つを説明したい。

第一章　安全地帯における敗残兵の掃討

第2図（三七頁）に示したとおり、唐生智の南京放棄に伴い、南京の城門、城壁を守備していた中国軍は、十二日夜、各方面に敗走していった。それは大きく分けて三方向であった。一つは城外東方であり、二つは城外西方の江東門方面であり、三つは城内の安全地帯潜伏であった。城外東方上海方面へ逃げた敗残兵は第十六師団が十三日に入城後すぐまた踵を返して城外東方に向かい、これが掃討に当たった。江東門方面へ逃げた敗残兵は十三日、南から北上してきた第六師団の第四十五聯隊に遭遇し、ほぼ全滅させられた。安全地帯に潜伏した敗残兵が本章の対象となるのであるが、以上の説明で分るとおり、日本軍は安全地帯の掃討も南京周辺の掃討も、逃走した中国軍敗残兵の掃討という軍事行動の一環として行なったものであって、特別な南京城内の残虐行為という事態ではなかったのである。

安全地帯の掃討　「日本側文献」の記事の統計（2．1．1）

記事内容	便衣の敗残兵	安全地帯視察	掃討実施方法	敗残兵の処置	掃討の結果	掃討の実際	任務解除	査問工作	計
記事数	6	3	12	12	8	7	2	5	55

この安全地帯の敗残兵掃討は、三回に分けて行なわれた。一つは第七聯隊が十四、十五、十六日にかけて行なったもので、六千六百七十人を捕捉し、殺害処分した。つぎは第三十八聯隊が「良民証」付与の過程で十二月二十四日より翌年一月五日までに捕捉したもので、二千人を旧外交部に収容した。つぎは天谷支隊が二月五日までに捕捉したもので城内外の五百人である。なおこの他に次の小事件があった。

十二月十三日第二十聯隊の第四中隊は選抜部隊として中山門から入城したが、無人地帯を突き進む感じで、北門近くまで進入し、そこに宿泊した。当時、第二十聯隊を含む京都旅団の通信班長をしていた犬飼総一郎氏の証言によれば、翌日、この中隊は帰路、安全地帯近くにさしかかると、安全地帯の中で狼藉を働く中国軍敗残兵の取り押さえを、市民に懇請されて行ない、これを玄武門に連行処分した。『戦史』では単なる掃討と記録されている事態である。約二百名である。

それではまず日本側文献によって安全地帯の敗残兵掃討を説明する。全部で五十五件の記事があるが、その内容は上表の通りである。

イ　中国軍には「便衣隊」というのがあって、その取り扱いに日本軍は苦心した。この特殊部隊とは別に、中国兵は誰でも背嚢に便衣（平民服）を持っていて、状況が不利になると便衣に着替えて、一般市民になりすまし、時期を見ては戦闘行為をした。一般市民だと思って日本兵が安心して近づくと、いきなり刺殺されるという事態に、日本兵は対策に苦慮した（『熊本兵団戦史中巻』一二八頁）。

これは正規の軍服を着用しているものより始末が悪かったので、却って日本兵は怖れたのである。安全地帯の敗残兵は市民になりすましていて、掃討の必要があった。

ロ　十二月十三日午後五時三十分、第七聯隊は翌日からの掃討に備えて、当日の宿営地の第一公園近くを出発し、深夜三時帰還にて安全地帯を視察した。

ハ　翌十四日、午前九時に出発し午後四時過ぎ帰還の予定で掃討を開始した。分担は第5図（五一頁）にしめしたとおり、安全地帯の北部を第一大隊が、南部を第二大隊が担当した。第一大隊は七百九十八人、第二大隊は八百十二人であった。外国権益の尊重、市民殺害、放火、強姦の禁止等、掃討要領が示達された。掃討は各中隊毎に分担を決め、分担地区毎に歩哨を立て、選抜された小隊が、必ず小隊長指揮のもとに行なった。それらしき男を集め、基準により敗残兵と認められたものは一ヶ所に集めた。一日に各中隊は何百名と狩り出すが、十六日の第一中隊は少なく百数十名で、そのうち三十六人を敗残兵と認め銃殺した。この認定に当たっては家族のものに泣かれて兵士は困ったようである（筆者註　南京地区における新兵募集があり、これは南京の家族のもとへ帰った兵士の例であろう）。十五日も安全地帯へ出動して掃討し、その夜から安全地帯の中に宿舎を決め、中隊毎に分宿した。

安全地帯の掃討　　「外国文献」の記事の統計（2．1．2）

記事掲載文献	安全記録	アメリカ編	ヴォー日記	ラーベ日記	戦争とは何か	スマイス	海外報道	中国報道	中国著作	計
記事数	12	8	11	17	20	0	33	4	13	118

ニ　十四、十五、十六の三日間で、敗残兵六千六百七十人を捕捉し、下関に連行して、主として機関銃で射殺した。他に沢山の隠匿武器を押収した。十四、十五日に摘発された中国兵士は下士官や兵士ばかりであったので、十六日にはさらに綿密な徹底捜査が要請された。十七日以後も引き続き掃討を続けたが、二十二日に古林寺にて約百六十人を処分したという。

ホ　第七聯隊は二十四日掃討任務を解除され、安全地帯の警備を第十六師団に引継ぎ、二十六日に南京を去った。

ヘ　十六師団は「良民証」を交付し、一月五日までに二千人を摘発し（他に抗日分子も同数くらい）旧外交部に収容した。

ト　十六師団を引継いだ天谷支隊は城内外で約五百人を摘発した。

敗残兵の掃討を外国人達はどのように見たであろうか。

上表のように百十八件の記事があるが、このうち「中国報道」「中国著作」を除いた百一件の内容は、次頁の表のようである。

彼等は当初、この敗残兵を戦時捕虜ＰＯＷとして扱うべきだとの不当な主張をしていたが、日本側がこれを峻拒すると、以後は中国兵と市民との選別の仕方が杜撰であることに議論を集中させ、ついには敗残兵の処刑事態が、やり方

敗残兵掃討の記事内容　「中国文献」を除く（2．1．2）

記事内容	敗残兵の潜入	彼等はＰＯＷ	敗残兵捕捉	兵民分離杜撰	欺瞞的選別	戦意なき者も	敗残兵処刑			処刑は復讐	その他	計
							残酷に	処刑	下関で			
記事数	4	4	10	26	9	7	5	19	9	1	7	101

も残酷で、裁判もなく不当なものだと言っている。

イ　逃げ遅れた敗残兵は民間人の衣服を奪い安全地帯に潜伏した（1．4．4に整理すべき記事であるが、ここに混入したもの）。

ロ　この敗残兵達は武装解除したから戦時捕虜ＰＯＷとして扱うべきだと委員会は主張した。しかし委員会が武装解除に関与したのは、本書四〇頁に示した如く、その一部にすぎず、また武装解除は捕虜を捕獲した者が納得のゆく方法で行なうべきもので、第三者が恣意的に行なうものではない。

日本軍はこれを拒否して「中国兵は探索さるべし」とし、「但し人道的態度を委員会に約した」のである。

ハ　かくて敗残兵狩りが始まったが、彼等の目には「家々を虱潰しに」（スティール記者）「徹底した中国兵狩り」が行なわれ、日本軍の発表でも一万五千人の捕虜（アベンド記者）または中国兵（ダーディン記者）が捕獲されたと言う。

ニ　便衣の敗残兵と一般市民との選別の仕方は杜撰で、その結果、「難民が敗残兵として」、「収容所の男達が」「収容所の難民が」「嫌疑をかけられたものは誰でも」「全く罪もない民間人も」「多数の人が略式裁判もなしに」（スティール記者）「容貌や、手の胼胝等で」兵士と認定され、処刑された、と言う。

ホ　遂に、欺瞞的なやり方で選別が行なわれた、ともいう。「自主申告すれば助命と仕事の世話をする」との甘言につられて自主申告したものが処刑された。（筆者註　これはベイツの証言であるが首尾一貫しないところもあり、敗残兵を市民から摘出する査問工作作業の一環での事と思われるが、この作業中に捕捉した中国兵の処刑はなく、収容所に収容したのである）

へ　敗残兵の処刑そのものにも疑問が出てきた。「喜んで降伏したのに無惨に処刑」（スティール記者）「武器を捨て、軍服を脱いだのに処刑」（ベイツ）「中国兵を憐れまず羊のように殺戮」（スティール記者）「ウサギ狩りのようにやった」（スティール記者）「処刑の方法も残酷」「塹壕の側で処刑、死体を落とす」（ダーディン記者）「至る所で処刑」「揚子江岸、街の空き地、三千ある沼のほとり」で。「我々外国人はショックで体がこわばる」と言う。

「日本兵は処刑は戦死した戦友の復讐だといっている」（ベイツ）。

チ　ベイツは「この二週間の一連の大量虐殺は、『以前の兵士』と正当もしくは不当に告発されたものの殺害の様相なのである」として、南京虐殺はこの兵士の処刑問題であることを匂わせている。

リ　（筆者註）外国人の戦争に対する認識不足、悪意ある態度、日本側の説明不足などがこの見解の隔たりを生んだ。また、安全地帯の人の生命は保証すると豪語してきた白人が黄色人種の日本軍に服さなければならなかったことは、彼らの中国人に対する威信と自尊心を傷つけたものとおもわれる。スティールなどの外人記者がオーバーな表現をしているが、彼等は十二月十五日に南京を去っているので、後述するようにこれらの報道は実況報道ではない。しかしニュースの内容を読者はそのまま信じたであろう。

敗残兵と市民との選別がうまく行かなかったのは、むしろ中国側と国際委員会側の責任であると筆者は考える。①敗残兵が市民の間に紛れ込めば、市民を戦争に巻き込む事になるのは当然であり、市民側も敗残兵を受け入れることはトラブルに巻き込まれるのを覚悟した上のことと考えるのが至当である。②国際委員会は安全地帯を中立地帯として設立し、日本側にもそうした対応を求めたのであるから、中国兵を安全地帯の中に入れるのは、中立性を害するものとして峻拒すべきである。それを怠り、そのことによって起こったトラブルに、自分の責任を感じず、日本側の責任を非難するのは不当不遜である。

第二章　市民に対する事件　総論

この章以下で、日本軍が市民に対して行なったとされる事件を解明する。第二章がその総論であり、第三章が各論である。

一　事件の史料

我々の史料には、日本軍が市民に対して行なったとされる事件の個々の事例が報告されてい

事件の史料（2．2．1）

史料名	安全記録	米国編	ヴォー日記	ラーベ日記	戦争とは	計
事例数	517	248	110	100	63	1038

る。それは上表の如くである。

イ　国際委員会は毎日のように日本軍兵士が犯した不法行為を文書に纏めて、日本側に提出した。後にそれは『南京安全地帯の記録』として纏められた。第一編と第二編に分かれており、四百四十四号までの事件になっているが、一つの号には数個の事件が記載されていることがあるので、それを各々別の事件とすると五百十七件となる。

ロ『南京事件資料集　1アメリカ関係資料編』にはつぎの事例の記載がある。南京大学教授のベイツは、「南京大学緊急委員会委員長」として、大学が「難民収容所」となったので難民から多くの事例を聴取しその他の見聞とともに、これを記録し、日本大使館や米国大使館に提出した。またウィルソン医師などは大学病院の患者達から多くの事例を聴取した。筆者がこれらをデータとしたものを「米国編（事例）」とした。ベイツのものが主体である。

ハ『ヴォートリンの日記』は金陵女子大学の教授ヴォートリンが事件の期間中に校長代理をしており、女子大が「難民収容所」となって女子の収容に当たったので、この難民から事例を聴取し、その他の見聞とともに日記に書いた。筆者がこれをデータ化したものである。

ニ　ラーベは国際委員会の委員長となり、また六百平方メートルもある自宅の庭を難民収容所としたので、多くの事例を聴取し、その他の見聞とともに日記に残した。

ホ　ティンパーリ（国民党の宣伝部顧問でマンチェスター・ガーディアン紙中国特派員）はベイツの指導下で『安全地帯の記録』の内容をもとに『戦争とは何か』を編纂したが、その中に若干の『安全地帯の記録』にない事例を含んでいる。六十三件をデータ化したが、余り重要でないので以下の分析では考慮外とした。

ヘ　南京残留の外国人たちは寧海路五号の国際委員会事務所によく集まり、情報交換したので互いに入手した事例を重複して記録している。重複分は除くべきであるが、それはやらなかった。合計数字は重複を含んでいる。

ト　『安全地帯の記録』の事例の編集に関与したベイツは、ティンパーリをとおして『戦争とは何か』の中でつぎの重要なコメントを『安全地帯の記録』についてしている。

①『安全地帯の記録』の事件は日本軍の南京占領後の二ヶ月間になにが起こったかが余すところなく明らかにされる。（一一六頁）

②『安全地帯の記録』の事件は、安全地帯内だけのもので、南京のこれ以外の場所は一月末まで事実上無人地帯で、外国人の目撃者はなかった。（一〇三頁）

③この事件は外国人が目撃したものが多いが、中国人の協力者が外国人に報告したものもある。

④百九十号以降の暴行事件は中国人家族が安全地帯以外の自宅に戻ろうとした際のさまざまな困難を示すものだ。そうした帰宅命令は一月二十八日午後、日本軍によって出された。

イ　時間的範囲（2．2．2）　件数

月　日	安全記録	米国編	ヴォー日記	ラーベ日記	計	安全地帯警備
12・12迄	0	3	0	1	4	
12・24迄	200	105	52	57	414	第7聯隊
1・22まで	62	98	19	27	206	12月末まで第38聯隊。以降、警備部隊無し。
2・10まで	250	18	18	14	300	
2・11以降	5	24	21	1	51	
計	517	248	110	100	975	

ロ　空間的範囲（2．2．2）　件数

	安全記録	米国編	ヴォー日記	ラーベ日記	計
城内	507	208	99	96	910
城外	10	40	11	4	65
計	517	248	110	100	975

『安全地帯の記録』の事件は市民に対する事件のすべてを尽くしていると言うので、これさえ研究すればよいようなものだが、ここでは『戦争とは何か』を除いたすべての史料の事例を考察の対象とする。なお、これらの史料にはここにデータ化したほかにも事例のようなものもあるが、事例としてはあまりにも要件が不備であるので、「諸相」のほうで採り上げている。

二　事件の時間的、空間的範囲

一部論者の「南京事件」の時間的、空間的範囲拡大論を反証するために、この調査を行なった。時間的には十二月十二日以前の事件は『安全記録』には皆無であり、その他の史料にも四例しかない。空間的にも城外の記録は六十五件しかなく、そのほとんどが南京城のすぐ近郊の

事件の被害態様による分類（2．2．3）

	殺人	強姦	拉致	略奪	放火	傷害	侵入	他	計
安全記録	26	175	43	131	5	39	24	74	517
米国編	31	47	34	29	9	47	20	31	248
ヴォ日記	14	10	28	24	5	5	11	13	110
ラー日記	23	11	8	17	15	9	12	5	100
計	94	243	113	201	34	100	67	123	975

事件である。清野作戦の現象をも考慮すれば「南京事件」の時間的空間的拡大説には無理がある。『スマイス調査』によれば南京近郊の五県で暴行による死者が男女で二万六千八百七十人計上されているが、これを日本軍によるものとするには少なくともどの部隊が何時何処で行なったかの論証が必要である。南京城内だけでなく、城外近郊でも中国人の暴行があったのである。（『アメリカ編』三一七頁、『同』五一七頁、『ヴォー日記』一三三頁、『同』二〇八頁、『同』二四〇頁、『中国著作』一一五頁、『スマイス』二二二頁、『中国著作』一二〇頁、『同』一一六頁、『同』一一二頁。以上は城外の例）

三　事件の被害態様による分類（上表参照）

読者はまず被害の件数の少ないのに驚かれるであろう。殺人について言えば、「南京事件」のほぼすべてを尽くしているとベイツが言う『安全記録』の件数は、僅かに二十六件で（人数はそこに書いてないが市民五十三人）しかなく、後に言われる二十万人、三十万人という数字はどこから出てくるのであろうか。また強姦は一晩で千件と言われるのに、全期間を通じて二百四十三件、一日平均四件記録されている

目撃者のある事件（2．2．4）

件数

目撃事件	殺人	強姦	拉致	略奪	放火	傷害	侵入	他	計
安全記録	1	9	2	6	0	0	6	6	30
米国編	0	4	1	7	0	2	2	8	34
ヴォ日記	0	1	3	2	0	2	1	4	13
ラー日記	1	3	7	11	1	4	11	4	42
計	2	17	13	26	1	8	20	16	109
全件数	94	243	113	201	34	100	67	123	975

目撃者のある虐殺事件の事例（2．2．4）

発生日	発生場所	被害者	被害態様	目撃者	記録者	典　　拠	頁
1．9	山西路沿いの池	男1人	ライフルで処刑	クレーガハーツ	クレーガハーツ	安全記録	英文78
1．9	山西路沿いの池	男1人	将校1兵2による銃殺処刑	クレーガハーツ	ラーベ	ラーベの日記	172

だけである。放火についても「日本兵による放火がなかった日は一日もない」（『戦争とは何か』四三頁）「市の南部は全域が焼失している」（『アメリカ編』三〇二頁）というのに、放火の件数は三十四件（一日平均〇・五件）しかなく、「安全地帯では火災は一件もない」と言うエスピー氏の発言が真実味を以て受け取れる。（『アメリカ編』二四七頁）

四　目撃者のある事件（上表参照）

事件のうち外国人によって目撃されたものは約十％でしかなく、「一、事件の史料」の所で、ベイツが言っていた「事件は外国人が目撃したものが多い」というのは疑わしい。即ち全事件の八十九％は目撃されたものでない伝聞の事件であった。特につぎに指摘するように虐殺事件の目撃者は一人もなかった。

前頁の「目撃者のある事件」の表で殺人事件の目撃事件は二件あることになっているが、その明細はその下の表のごとくである。見るとおり、これは同一事件であって、しかも将校立ち会いの下に行なわれた「処刑」であって虐殺ではない。従って虐殺の目撃者は一人もいないことになる。マギーは東京裁判でいろいろな事件について証言したが、最後にブルックス弁護人が「貴方の目撃した殺人事件はどのくらいあるか」との質問に対して彼は、「ただ一件で、誰何されて逃げようとした中国人を撃った事件である」と答えた（『日中戦争史資料8　南京事件Ｉ』八九頁、一〇三頁）。誰何されて逃げる者を撃つのはアメリカの警察では常識であり虐殺ではない。したがってマギーもまた一件の虐殺現場も見ていないのである。

夜の事件、日付のない事件（2．3．5）　件数

	安全記録	米国編	ヴォー日記	ラーベ日記	計
全事件	517	248	110	100	975
夜の事件等	125	62	31	15	233

五　夜の事件、日付のない事件（上表参照）

夜は日本兵は外出禁止であった。夜の中国の街は当時は真の暗闇であった。初めての中国の首都の大きな街で闇夜に一人で外出すれば、帰れなくなる。また便衣の敗残兵の餌食にされる危険があった。しかも戦闘部隊は常に兵力を確実に把握しておかなければならないので、第一線部隊は必ず点呼をやっていた。従って夜、禁を破って外出する兵は殆どなかった。安全地帯に潜伏していた郭岐という中国の大隊長は「日本兵は夜外出する勇気のあるものはおらず、

被害者名の明示のない人的事件（2．3．6）　件数

	安全記録	米国編	ヴォー日記	ラーベ日記	計
人的事件件数	283	159	57	51	550
名前記載なし	202	151	52	47	452

夜活躍するのは中国の悪者だけで、彼等が略奪等の悪行をなし、昼間それを泥棒市場で売りに出し、日本兵はそれを金を出して買って行く」と言っている（『中国著作』一三四頁）。

ベイツは不用意に、強姦の三分の一は日中行なわれたと言っている（『戦争とは何か』四九頁）。彼は日本兵は昼間も強姦をやっているということを強調したかったのであろうが、反面、日本兵がやったといわれる強姦の三分の二は日本兵が外出しない夜のことで、実質は日本兵の所業ではないことになるのである。彼等は気分のままに支離滅裂なことを述べ、ただ日本兵を中傷しようとしているのである。

六　人的事件（殺人、強姦、拉致、傷害）で被害者の明示されていないもの（上表）

例えば寧海路で婦人が強姦された。被害者は誰だか分っていないが、犯人は日本兵だとして日本側に届ける。そういう事件が全事件五百五十件のうち八十二％、被害者総数六千百二十七人のうち九十八％もある。

被害者の名前の明示のない事件の被害者数については次頁上段の表を参照されたい。

七　物的事件（略奪、放火、侵入、その他）で事件の場所の明示のないもの（次頁下段の表）

泥棒があったが何処であったか分からない、というような事件が百八十二件も記録され、日本軍の責任だとされている。

人的事件の被害者（2．3．6）　人数

	安全記録	米国編	ヴォー日記	ラーベ日記	計
被害者全人数	844	322	885	4076	6127
名前記載なし	753	309	878	4071	6011

（被害者の人数にはこのほかに＋αがある。「ヴォー日記」「ラーベ日記」の人数が多いのは、敗残兵の拉致、処刑をふくんでいるからである）

被害場所の明示のない物的事件（2．3．7）　件数

	安全記録	米国編	ヴォー日記	ラーベ日記	計
物的事件件数	234	89	53	49	425
場所明示なし	94	29	34	25	182

八　『安全地帯の記録』で事件を記録したがその記録について責任をとらない事件

『安全地帯の記録』では、事件の記録が終わると括弧してベイツとかマギーというように名前が書いてあるものがある。これはその人がその事件の記録内容について承認を与えているものと解釈される。その明細は次頁の如くである。

全記録五百十七件のうち、半数二百六十一件がそのような文責者の明示のない事件の記録である。

中国人の文責者は「一、事件の史料」の所でベイツが指摘した現場の協力者と思われる。彼等は文責者と言うより、事件の報告者というべきものである。したがって実質的な文責者は外国人十一人で、その認証した事件は百六十件（全事件五百十七件）である。残りの三百五十七件は外国人としてはただ記録しただけの無責任な記事なのである。

『安全地帯の記録』の事件記録における文責者（2．3．8）

外国人文責者	署名事件数	中国人文責者	署名事件数	文責者なし
フィッチ	31	王	17	
ベイツ	23	馬西華	12	
ウィルソン	21	詹円管	8	
ラーベ	13	呉	6	
スパーリング	11	岑達臻	5	
マギー	11	C・Y・徐	5	
ソーン	8	その他	43	
クレーガー	8			
マッカラム	7			
ヴォートリン	7			
リッグス	7			
スマイス	7			
ミルズ	6			
計	160		96	261

九　事件らしい事件（次頁表）

以上見てきたように、文献に現われた「南京事件」の事例は不完全なものが多く、噂話のようなものが多い。そこで真に刑事事件といえるようなものをこの中から抽出してみた。そのための作業として、「南京事件」の事例が全部集まっているとベイツの言う『安全記録』をとり、その中から①文責者のない事件を除いた。事件の内容に保証のない事件だからである。②さらにその中から、被害者名不明の人的事件および被害場所不明のその他の事件を除いた。

このようにして「事件らしい事件」が抽出されたが、これは刑事事件として立件しうる事件であるかと思う。それは『安全記録』の事例五百十七件のうち九十五件しかなく、上表の通りである。

この表の九十五件がすべて日本軍の兵士の犯行であるわけではなく、それにはその検証が必要であり、このなかには夜の事件が十三件も既に含まれているのである。

人口二十～二十五万の都市で二ヶ月間に九十五件しか刑事事件が起こらなかったというのは大変に治安状態のよい都市といえる。筆者が警視庁に聞いた所では、人口二十六万四千七百六人の新宿区を大体カバーしている新宿警察署の平成十年の刑法犯は、年間の認知件数が八千七百五十三件であり、そのうち検挙件数は三千二百六十七件であった。日本軍が終戦後帰還するに当たって、鉄道の各駅では凄まじい中国人の通行税ともいうべき賄賂の要求があり、また民衆の略奪にあったが、最も治安のよい南京だけは別で、民衆は日本軍にこういった。「雲南や四川の中国兵は言葉も通ぜず、しかも甚だ程度が悪い（強兵だが山中で戦争ばかりしていたからである）。それにくらべると日本軍の方がはるかによい」と（伊藤桂一『兵隊たちの陸軍史』番町書房、昭和四十四年）。

南京占領直後には、日本軍兵士による不法行為があることはあったであろうと思う。しかしそれは占領軍が駐留するところでは何処でもある、避けられない悪であろう。

筆者は終戦直後、横浜の本牧に住んでいた。筆者の生家から三百メートルしか離

事件らしい事件　被害区分別（2．3．9）　件数

	殺人	強姦	拉致	略奪	放火	傷害	侵入	他	計
件数	2	5	7	51	1	2	13	14	95

れていない大鳥小学校には米軍の野戦病院があり、自殺未遂の東条大将が収監されていた。本牧地区には大量の米軍が進駐していたのである。良家の子女は難を避けて多くは疎開した。米軍が進駐してくると案じたように毎日「強姦」の話を聞いた。当時大学生だった筆者も何回か黒人米兵に呼び止められて「女を世話しろ」と迫られた。そのうちに『南京安全地帯の記録』の出現と同じように米兵の暴虐を告発する民間の小冊子が出てきて、筆者の近くの弘集堂という本屋で立ち読みした記憶がある。パンパンという米兵相手の街娼が大勢出現した。やがて米軍は横浜中の信書手紙を検閲しだした。大きなビルに日本人の検閲者を集めて葉書から封書まで一切を検閲するのである。検閲者を募集したので筆者も小遣い稼ぎに応募して従事した。そのうち東京裁判が始まり、自分たちが私たちの目の前で毎日やっていることを、日本軍が南京でやったとして、「人道」の名の下に日本人を告発しだした。

私は驚きかつ呆れた。以後筆者はアメリカ人が「正義」「人道」と言うときには必ず一歩控えてその真の意味を問うことにしている。

軍隊の占領地域では日本を占領したアメリカ軍のように若干の乱暴非違はやむを得ないところのようである。日本軍の南京占領当時そのようなことが皆無でなかったことは否定できないと思う。しかしそれ以上ではない。「事件らしい事件の分析」はそのことを伝えてくれる。

十　加害者の特定なき事件

ドイツのユダヤ人殺害事件では容疑者を一人一人挙げ、裁判にかけて、罪状を確定して判決を下している。そしてその総体がナチス事件と呼ばれている。このためドイツではナチス事件については時効を排除している。これが文明国の裁判である。

しかるに「南京事件」ではこうした手続きを経ることなく、いきなり民族の資質、その軍隊のあり方が問題にされる。その証拠も不完全なものが多く、伝聞や一方的断定によることが多い。これでは文明国の裁判、論証とは言い難く、交戦国の一方による相手方の誹謗、単なる宣伝戦の一形態に過ぎないのである。

十一　「南京事件」の舞台は南京安全地帯である、との我々の主張は、諸文献の事例によって、実証されるであろうか

このために各文献の事例を安全地帯の中で起きた事件と安全地帯以外のところで起きた事件に分けてみた。（次頁上表）

これによってみると、『安全記録』以外の文献の事例は主として安全地帯で起こっているが、肝心の『安全記録』の事件は、安全地帯以外の所で起こっているものが四十パーセントもあって、我々の主張に反しているようである。

「第一章の一、事件の史料」を述べたところのトでベイツが『安全記録』について四つの重要な指摘をしていることを述べたが、その④はつぎのように言っている。

事件発生の安全地帯内外の区分（2．3．11）　件数

	安全記録	米国編	ヴォー日記	ラーベ日記	計
安全地帯	300	182	74	68	624
城内他地区	207	26	25	28	286

イ　第百九十号以後の事件は難民たちが安全地帯の外にある自宅へ戻ろうとしたとき起こった事件である。即ち第百九十号以後の事件に安全地帯外の事例が多い。

ロ　そうした帰宅命令は一月二十八日午後、日本軍によって出された。この日本軍の帰宅推進運動は一月二十二日から南京警備を受け持った天谷支隊が強力に推進したので、『安全記録』の事例を一月二十二日で分割して考察すると次頁の表のようになる。

即ち一月二十二日までは筆者の主張の通り、安全地帯内の事件が圧倒的に多く、日本軍が安全地帯外の元の住居へ難民を帰宅させようとして以後、安全地帯外の事件が急増したのである。したがってこの問題は日本軍の難民帰宅運動と国際委員会の関わり方に関係があり、それはまた後述の如く『安全記録』の記録収集の作為性、恣意性を説明するものである。

日本軍は国際委員会と絶えざる対立と抗争の中にあった。そして安全地帯解消作戦を計画した。それは本項末尾の史料に明らかである。

一般に虐殺派の人たちは、日本軍は外国人、特に国際委員会の人達を煙たがり、なるべく自由な発言をさせないようにしたが、その理由は、彼等が日本軍兵士の不法行為を数多く知っていたので、それが外部に漏れるのを怖れたためであるという説明をしている。

しかし日本側から見れば彼等が提出した情報は伝聞が多く、考慮に値しないものであった。対立の原因はもっと深いところにあった。それは国際委員会が中国人の人心を把握し、これを基に日本軍の占領とは別個の「天国」を安全地帯に作り上げ、日本軍の占領施策を無視して、別天地を作ろうとしていることにあった。

これは彼らの委員会が「国際委員会」と名乗っている事に現われている。後に彼らのこの企てが日本軍の安全地帯解消作戦によって挫折したとき、彼等は初めて「国際救済委員会」と涙をのんで名称を変更したのである。国際委員会委員長は十二月十七日「日本軍は、ほんとうは、我々の委員会を認めたくないのだ」と言い、特務機関報告は「国際委員会は害あって益なき存在」「難民を掌握し、害意ある宣伝をする」とした。かくて中国人は「敵は委員会の存在を敵視、難民区を解消せんとする」(蔣公穀)と言う。

日本側の安全地帯解消作戦は次の手順で行なわれた。①日本側の息の掛かった「自治委員会」を一月一日に発足させ、南京行政の主導権を握る。②国際委員会の中国人の心を把握する手段は生活の基本をなす食糧と住居の配分権を委員会が握っていることにあるので、これを日本側に取り戻す。米の販売を国際委員会から取り上げ、一月十日以降南京の自治委員会

「安全記録」の事件の発生場所の時間的分析（2．3．11）

件数

	1月22日まで	1月23日以降	計
安全地帯の事件	239	61	300
その他地区の事件	23	194	217
計	262	255	517

が専売する。南京の治安状況に日本側も自信がもてるようになったので、難民たちの元の住居への帰還運動を進め、委員会による住居の配分権、収容所の割り当て権を消滅させる。難民たちの帰還推進は始めは町の要所にポスターを貼るなどしてやったのであるが、天谷支隊着任後は強力に進めることとし、二月四日を期して一斉に退去を通告した。国際委員会はこれを自らの存立基盤を脅かす措置として猛反撥し、テロ行為による妨害を実行し（日本軍はこのとき国際委員会と気脈を通じる一味を連続逮捕した）、「日本軍は帰還しようとする難民を待ちかまえていて元の住所で残虐行為をする」との情報を沢山集めて、日本軍に示し、このような南京の治安状況では帰還運動が時期尚早であることの証拠としようとした。しかしこれは日本軍は一方で帰還促進運動をしながら、一方では帰還行為を妨害していることになり、まったくの矛盾した主張となる。恐らくは委員会側の「やらせ」または「捏造」であろう。このため市民を元の居住地に帰す運動の始まった一月末以降、市民を元の居住地に帰す運動の始まった時から、安全地帯外の場所で事例が急増したのである。この事を次頁のグラフが雄弁に語っている。

このグラフは各史料の事例を一日ごとにどのくらいあるかをグラフにしたものである。『ラーベの日記』『ヴォートリンの日記』『米国編』等のグラフは一月末にかけて事件のなだらかな収束を告げているが、『安全地帯の記録』だけは一月末から二月にかけて事件は盛り返し、急増しているのである。この急増分はこれまでの説明で分るとおり安全地帯外での帰還運動に伴う事例であったのである。これは国際委員会の事例収集態度の作意性、恣意性を示すものである。即ち事

平成13年3月10日
冨澤繁信の作表に基づき溝口郁夫作成

出典資料別の事件件

2-2-5

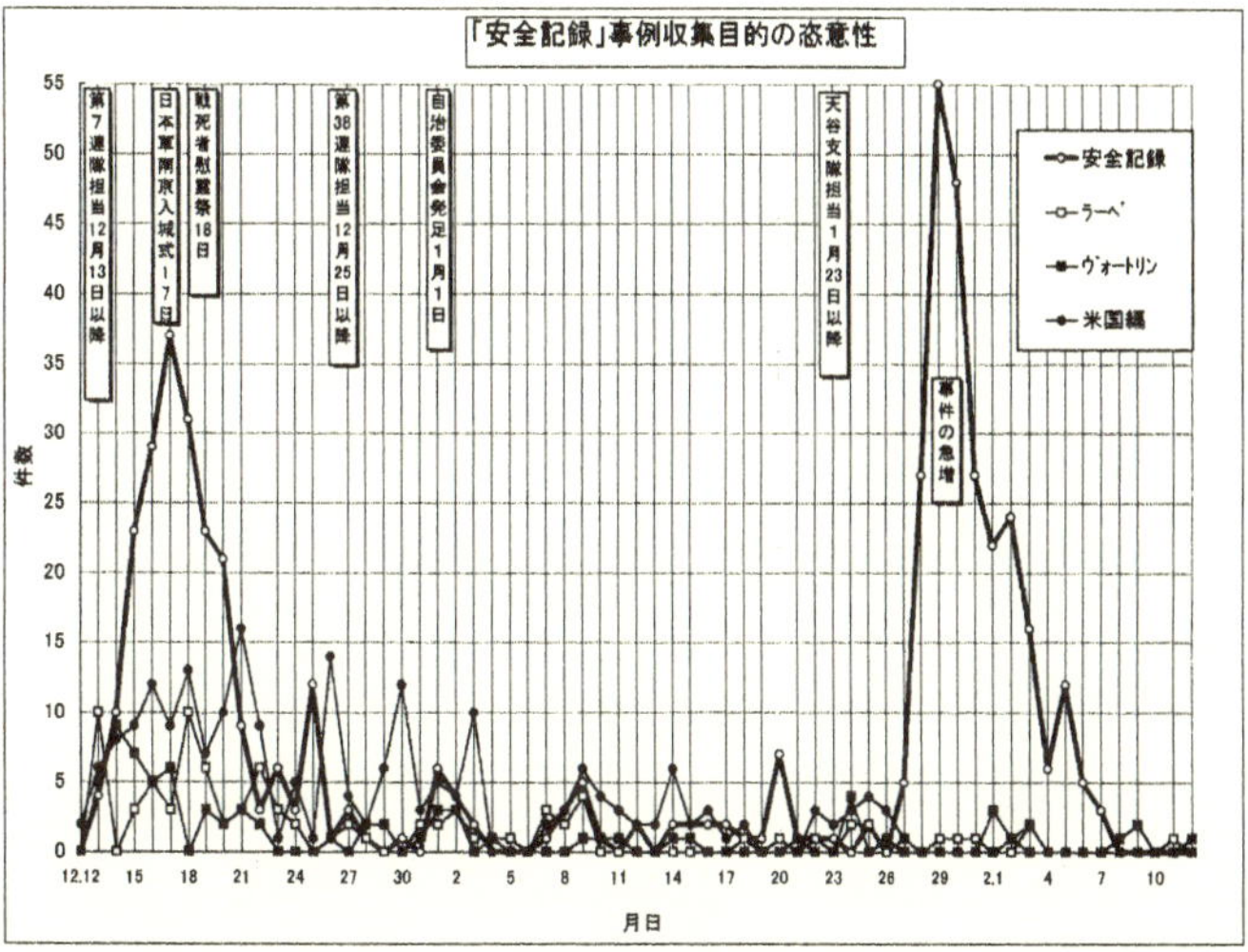

例の推移には始めと終りに大きな山がある。最初の山は、国際委員会が折角作った天国とも言うべき安全地帯が、日本軍の駐留のためにあたかも「地獄」と化した事を証明するために集められたものであり、これによって日本軍は早期に治安を回復して市民を元の居住地へ帰すべきであるとの提言の資料とされた。最後の一月末の山はこれとは正反対に、いざ日本軍が市民を元の住所に帰還させようとすると、安全地帯こそは「天国」であり、日本軍の進める安全地帯以外の所は「地獄」である事を証明するための資料として集められた。これは『安全地帯の記録』の事例収集の目的の恣意性を示すものであって、ひいては『安全地帯の記録』全体の信憑性を疑わせるものである。

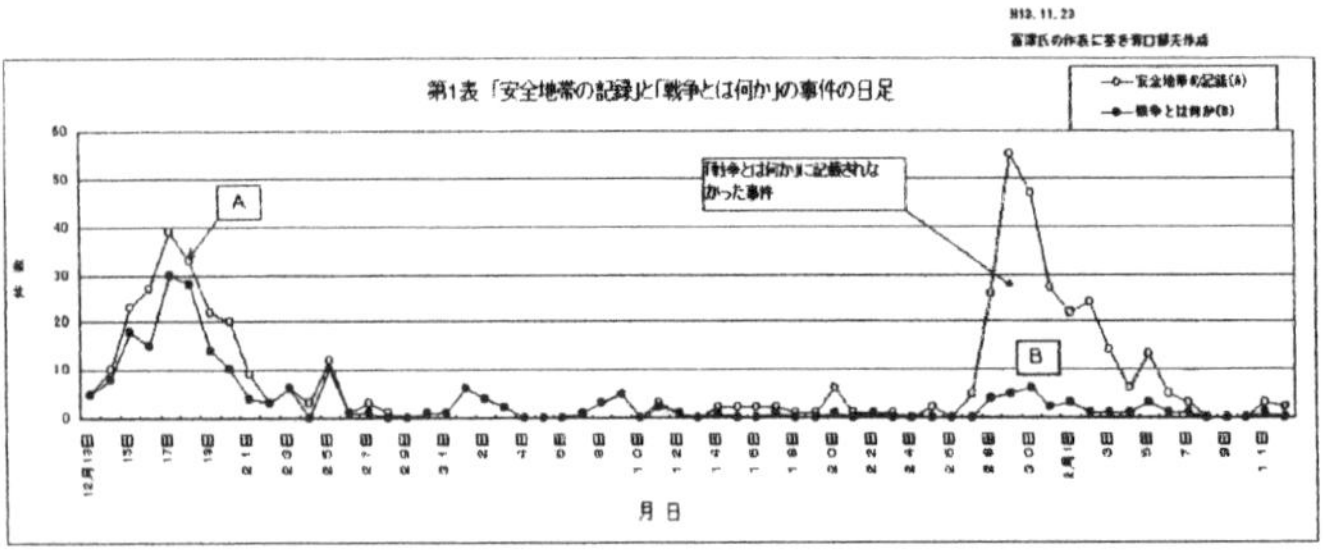

ティンパーリはベイツと相談し、日本軍の南京における残虐性を世界に示そうとして、『戦争とは何か』を出版したが、その証拠となる資料はこの『安全地帯の記録』に依拠した。『安全地帯の記録』五百十七件（上のグラフのAで表示）のうち説得力に欠けるものや薄弱なもの三百五件を不採用とし、二百十二件だけを『戦争とは何か』に載せたが（グラフのBで表示）、不採用とした三百五件のうち二百二十六件は一月二十三日以降の事件であった。ティンパーリもベイツもその信頼性に自信がなかったのであろう。上のグラフはよくこれを表している。

さらに事件の収集方法そのものも極めて杜撰なものであった。当時の大使館員で、後、国会議員、防衛庁長官となつた福田篤泰氏によれば（『偕行』誌五十九年十号、一三頁）、「フィッチ（残留外国人の一人、ジョージ・A・フィッチ。Ｆｉｔｃｈ）が住民の申したてを検証もせず、言うがままタイプして行くので、一緒に検証に行った所、何もない、建物すらないという事であった」由である。

シャルフェンベルグ（ドイツ大使館員）は「日本軍の暴行といっても、すべて中国人から一方的に話を聞いているだけではないか」

と言い（『ラーベの日記』二四六頁）、マッカラム（残留外国人の一人。国際赤十字南京委員会委員。Rev．James Mccallum）は「中国人の中には、略奪や強姦、放火は日本軍の仕業でなく、中国軍がやったのだと言わんばかりのものもいる」と、嘆いている（『アメリカ編』二六六頁）。そういう噂が流布していたのであろう。

一九三八年一月十四日付のベイツの報告によれば、「昨夜は四人の憲兵が大学付属病院から一人の少女を連れ去ったが、彼等は中国人の布靴を履き、一人は中国服を着ていた」と言っているが（『米国編』一五五頁）、どのようにして、これが中国人に変装した日本兵だと見抜けたのであろうか。

以上の如く「南京事件」の舞台は安全地帯であって、これを南京市行政区域にまで広げようとするのは無理であり、それはあたかも私が経験した「レイプ・オブ・本牧」を「レイプ・オブ・横浜」さらには「レイプ・オブ・東京圏」に拡げるようなものなのである。

また事件の事例として挙げられたものは、不完全なものが多く、決して大虐殺を立証するようなものではなかった。それは軍隊が駐留するところでは何処でも起こり得る散発的な事件であったのである。

日本軍と国際委員会との対立抗争の表を次頁に掲げる（この表は「海外文献」「中国文献」「日本側文献」の順で日付順である）。

日本軍と国際委員会との対立抗争（2．3．11）

月	日	記　　　　事	典　拠	頁
12	17	日本軍は、ほんとは、我々の委員会をみとめたくないのだ。	ラーベ日記	125
	19	日本軍は、私たち外人を快く思っていない。悪事がバレルから。	アメリカ篇	299
	24	今日も、日本軍からは不断の干渉です。	戦争とは	39
	30	こちらは、自治委員会に何一つ引き継ぐまい。粘れるだけ粘る。	ラーベ日記	154
1	7	福田氏の国際委員会解散の申し入れに対し、反対表明。	ラーベ日記	169
	10	米国大使館宛：日本軍は委員会への米の引き渡し約束を破棄。	安全記録	75
	28	難民収容所、2月4日の強制解体を通告してきた。	ラーベ日記	212
	29	日本軍は英米独の大使館に凄まじい敵意を持つ。	アメリカ篇	313
	29	もっと日本軍に協力せよとの私の提案に委員会は反対。	ラーベ日記	212
	31	果てしない日本人との戦いに、挫けてしまいそう。	ラーベ日記	218
2	3	収容所の強制閉鎖に来る日本軍は「人殺し部隊」	ラーベ日記	218
	4	収容所の強制閉鎖の蛮行を世界に伝えたい。	ラーベ日記	223
1	10	国際委員会と自治委員会は終始対立。	郭　岐	235
2	1	敵が食糧問題で国際委員会の活動を妨げるのは、委員会の効能を瓦解させるためだ。	李　克痕	117
	7	難民区が委員会の活動で安らぎをえているのを、日本軍は敵視。	蔣　公穀	101
	17	敵は委員会の存在を敵視、難民区を解消せんとす。	蔣　公穀	105
1	10	国際委員会は難民を掌握し、害意ある宣伝をする。	特務機関2	94
	10	国際委員会は害あって益なき存在なので、救済事業は皆、自治委員会がなす事を1月8日通告。	特務機関2	94
	21	国際委員会は難民に対し策動を続け、表面慈善事業を標榜しながら、自己の利益に汲々。	特務機関1	88
	21	国際委員会は不逞分子を益したので、本年に入り、列国庇護の下の潜伏敗残兵不逞分子を連続逮捕。	特務機関1	81
1	9	「大佐一味が白状、南京の犯罪を日本軍のせいに」 「馬中将は安全地帯で反日攪乱行為を煽動」 略奪、強姦、放火は日本軍ではなく中国軍の仕業といわんばかりの中国人あり。	徹底検証 徹底検証 米国編マッカラム	274 276 266
4	24	安全区を無視する権限を日本側は持っており、また委員会の提案は無視されても仕方のない恥ずべき物であった。	コウィル米国編	120
1	8	米大使宛：日本軍は米の販売所閉鎖を要請、これに応じた。	安全記録	75
	19 26	米英独大使宛：日本軍は委員会が市長から貰った米の一部を押収した。委員会が上海で手に入れた食糧の輸送に非協力だ。	安全記録	90
	8	安全が悪いので、難民は元の住所へ帰れない。	安全記録	69
	31	秩序は区の内外で乱れている、特に区外でひどい。	安全記録	118
2	3	難民の強制移転につれて、強姦略奪暴行の事例が委員会の所へ、雨の如く注いでいる（委員会のメモ）。	安全記録	137

殺人事例の文献別明細　外国文献（2．3．1）

件数　人数

	安全記録	米国編	ヴォ日記	ラー日記	計
事例数	26	31	14	23	94
被害者数	53	1659	147	999	2858
うち市民					
事例数	26	27	13	17	83
人　数	53	1059	147	147	1406

「安全地帯」以外の人数には＋αあり
「米国篇」には江岸で900人殺害事例あり

第三章　市民に対する事件　各論

市民に対する事件の内、主要なものについてやや詳しく説明する。

第一節　殺人

イ　事例の明細

各文献に現われた殺人の事例について、総論で加えたような検討をしてみよう。（上表参照）

①　殺人の事例数は僅かに九十四件、人数は二千八百五十八人（人数には若干とか多くというような数字になじまないものは外してある）。

このうち市民の被害は件数八十三、人数千四百六人で、虐殺三十万人に比べれば少ない人数であるが、筆者にとっては多い数字である。しかしこのうち次に述べるものを差し引くと、実質は百二十五人で、しかも名前の分からない杜撰なものなのである。

『米国編』には江岸の集団殺害九百人（敗残兵であろう）を含んでいる。電力会社従業員の殺害四十三人は四回記録されていて、百七十二人とカウントされている上、真偽が疑わしい。

また『米国篇』二八一頁の西蔵路の西の丘で男性七十九人の殺害事例、『ヴォー日記』七六頁の金陵寺の谷間での八十人男性の集団殺害（これは夜中の事件なので疑問）、『ラーベ日記』一二一頁の警官五十人の安全地帯に中国兵を入れた廉による殺害事件（これは十二月十六日敗残兵掃討の最中なので疑問）などはいずれも首肯しがたい。以上を合計すると千二百八十一人となり、千四百六人からこれを引くと百二十五人となる。次に上表を見られたい。

殺人事例（2．3．1）

	安全記録	米国編	ヴォ日記	ラー日記	計
目撃事件	1			1	2
夜の事件等	7	5	2	0	14
被害者名					
明示あり	4	1	1	1	7
明示なし	22	32	13	22	87

② これらのうち、目撃されたのは二件であるが、それは前述の如く同一事件であり、しかも正当な処刑であって、虐殺事件の目撃者はゼロであった。
③ 夜の事件等は十四件ある。
④ 被害者の名が分っているのは九十四件のうち七件（人数では被害者総数二千八百五十八人余のうちわずかに八人）で、これだけが身近な事件の記録である。これを②の目撃者ゼロとあわせて考

殺人の記事の統計　全外国文献（2．3．1．ロ）

記事掲載文献	安全記録	アメリカ編	ヴォー日記	ラーベ日記	戦争とは何か	スマイス	海外報道	中国報道	中国著作	計
記事数	2	25	18	17	19	2	33	－	－	116
中国関係史料は調査しなかった										
記事内容	市民殺害関係	兵民混合	兵士殺害関係	雑						計
記事数	46	29	39	2						116

えると、この殺人事件資料は身近な事件を記録したものではなく、他の所で起こった噂を主体としていることを物語っている。大量な殺人があったとするならば、報告者の身辺に多くの被害者があって、その人物も特定できるはずで、東京大空襲、広島長崎の原爆被害などでは万を超える人の名前がすべて明らかになっているのと比べれば、この史料は杜撰なものではないだろうか。

ロ　殺人の記事

殺人の事例の分析に次いで、諸文献の殺人を巡る記事を研究する。上表を見られたい。

殺人についての外国文献の記事は百十六件あり、内容的には、市民の殺害、兵民混合の殺害、兵士の殺害に分けることができる。このうち、兵士を除いて、市民と兵民混合の殺害をさらに分類すると次頁表（上）のようになる。

ここには、次のような一般的記事がならんでいる。「警察官、消防士が特に殺された」（『海外報道』四一七頁）、「安全地帯難民の家族の多くはその一員を理由もなく殺された」（『アメリカ編』一八三頁）、

殺害した市民と兵民混合の事態別統計（2．3．1．ロ）

件数

	個別殺害	集団殺害	殺害一般	殺害人数関係	計
市民	8	7	28	3	46
兵民混合		13	16		29
計	8	20	44	3	75

殺害した市民と兵民混合の発生場所別統計（2．3．1．ロ）

件数

	安全地帯	その他地域	城内不明	城内外共通	城外	計
市　民	19	3	19	2	3	46
兵民混合	9	2	11	2	5	29
計	28	5	30	4	8	75

殺人人数の記事　「全外国文献」の統計（2．3．1．ハ）

記事掲載文献	安全記録	アメリカ編	ヴォー日記	ラーベ日記	戦争とは何か	スマイス	海外報道	中国報道	中国著作	計
記事数	0	2	2	2	3	1	12	10	14	46

「日本軍は南京で何千人も屠殺した」（宋美齢―『アメリカ編』二二五頁）、「一体何人が惨殺されたか知る人はいない」（『アメリカ編』二八七頁）「日本兵達は数百人の捕虜、民間人、婦女子を出鱈目に殺害した」（『海外報道』四二五頁）、「日本軍入城後南京では十二月十日から十八日まで近代史上最悪の大虐殺が起きた」（『海外報道』五五三頁）。他に事例で記述してもよいような記事「日本兵は四人の男をキャンパスの西の丘で銃殺した」（『ヴォートリンの日記』五八頁）もある。

個別的な殺人の「事例」は貧弱かつ不完全であるのに、ここの「一般的な記事」はこのように飛躍して大げさなものとなっている。次にこの記事を場所的に分類すると上表（中）のようになる。

殺人人数の記事（2．3．1．ハ）

典拠	記事数	摘　　要
安全地帯の記録	0	記事なし
アメリカ編	2	マッカラムは1万人。ベイツは12000人。
ヴォートリンの日記	2	城内1793死体の80％、城外39589体の25％は民間人との紅卍字会の埋葬結果を報告。
ラーベの日記	2	日記自体には記事はなく、ドイツに帰ってからヒットラー宛報告にて5～6万人。その根拠不明。
スマイス調査	1	城内では2400人が兵士の暴行で死に、4200人が拉致され消息不明という。なお、近郊5県で26870人が暴行により死亡。
戦争とは何か	3	4万人の非武装の人が南京城内外で埋葬された。その約30％は兵士でなかった。
海外報道	12	後に示す如く海外報道の死者数は虚報の「ベイツレポート」に基づいており、だんだん誇大になって行く。6千―1万―2万―8万―10万―12万
中国報道	10	中国報道は「海外報道」の後追いである。1万―2万―5万―8万―10万―30万
中国著作	14	中国著作に現われた数字は「海外報道」の増幅である。6万―10万―15万―25万―30万

「城内不明」とあるのは、場所の記載がないのでここに分類したが、安全地帯が多いと思われる。即ち、市民の殺害は主として鮨詰めの安全地帯でなされている、と文献は言うが、それにしては目撃者はゼロなのである。

ハ　殺人人数

我々の文献では殺人人数について、どのように述べているであろうか。前頁表（下）と上表で見られたい。

全部で四十六件の記事があるが、その内容を要約すれば次のようになる。

「海外報道」「中国報道」「中国著作」など南京以外の所で発表し

死体の日本側記事（2．3．1．ニ）

死体の種類	市民	兵士	混合	計
記事数	2	41	4	47
死体の場	安全地帯	その他城内	城外	計
記事数	0	15	32	47

た文献に殺人人数の記載が多く現われて、根拠もなく増幅しているが、南京に残留した外国人は却って殺人人数については（ベイツ以外は）特に発言はなかった。

ニ　死体

殺人をすれば死体が残る。南京における死体はどうであったろうか。この件は日本側文献と外国文献では大きな違いがある。まず日本側文献を見てみよう。（上表参照）

入城した日本軍兵士が見た市民の死体は入城前に中国人によって既に殺されていたもので、安全地帯の外にあり、その他の死体は中国兵の戦死死体で主として城外にあったものである。即ち、市民の死体は二件とも日本軍入城前の殺害にかかるものであり、一件は漢奸成敗であり、一件は光華門に入城したら民服の遺棄死体があったというものである。混合の四件は兵士の死体が大半である。

また、死体の場所を見ると、入城後日本軍は安全地帯では死体は見なかった。主として城外で、中国兵の死体を見たのである。次に外国文献を見てみよう（次頁上段の表参照）。『戦争とは何か』以下『中国著作』までは実況報道は少ないのでこれらを除外した四つの史料につき、下段の調査をした（次頁下段の表参照）。

死体の「全外国文献」の記事（2．3．1，ニ）　記事数

記事掲載文献	安全記録	アメリカ編	ヴォー日記	ラーベ日記	戦争とは何か	海外報道	中国報道	中国著作	計
記事数	3	16	15	30	6	23	2	25	120

「4史料」の死体の統計（2．3．1．ニ）　記事数

死体の種類	安全地帯	城内不明	安全地帯外	城内計	城外	計
市民	7	9	3	19	1	20
兵士	11	9	2	22	4	26
兵民 混合	9	3	1	13	5	18
計	27	21	6	54	10	64

残留外国人たちは市民や兵民の混合の死体を城内で多く見ていると言い、日本兵士が主として敵の兵士の死体を城外で見たと言うのと、大きく異なる。どちらの言うことが真実なのか、あるいは二つの見解を総合した見方があるのか、筆者には未解決の課題である。ただ外国人達の間にも見方の相違がある。比較的正直なヴォートリンは十二月十四日「死体を一つ見た。砲撃された街にしては死体の数は少ない」（『ヴォー日記』五四頁）と言い、マギーは十二月十九日「通りには多くの死体がある。見たところ全部が一般市民」（『戦争とは何か』三五頁）と言い、エスピー氏は一月六日「男女、子供の死体は至る所に見られる」（『アメリカ編』二三九頁）と言うが、マッカラムは一月七日「近くの通りで見つけた死体は殆どが兵士だ」という。（『アメリカ編』二六五頁）。ラーベはまた自分の家の近くの一兵士の死体が片付けられないと日記に四回も記し、そればかり気にしている。

ホ　埋葬

埋葬の「全外国文献」の記事（2．3．1．ホ）　記事数

記事掲載文献	安全記録	アメリカ編	ヴォー日記	ラーベ日記	戦争とは何か	海外報道	中国報道	中国著作	計
記事数	0	2	10	11	1	0	0	8	32

死体は埋葬される。その様子を見よう（上表参照）。また日本側文献には四件の記事がある。

これを総合すると①埋葬は二月一日より始められた。②二月中は一日二百体位で、三月になってからピッチを上げ四月中旬でほぼ完了した。費用は三月末までで一万千百七十五元、他に消毒作業に八千九百五十元必要だった。トラック毎日五〜六台、人夫二〜三百人を要した。③日本特務機関指導の下、紅卍字会がやった。

埋葬人数についてはつぎの頁に総括をかかげた。鹿児島在住の丸山進氏は当時特務機関員としてこの埋葬作業を総括したが、氏によると①紅卍字会を使い、崇善堂と直接折衝したことはない。②埋葬地の指定は最後は日本軍が乗り出さないと地主の承諾が得られなかった。③人夫に一日三十銭の報酬（当時としてはよい条件）を払った。市民経済を潤すため埋葬実績に水増しを認めた。④三月二十日に慰霊祭が行なわれる予定であったので、埋葬作業は十五日完了をめどに進めた。⑤前述の水増し分を引いた実質の埋葬は氏の最終計算では、一万一千五百八十五体とのことである（東中野修道編『南京「虐殺」研究の最前線　平成十四年版』二二五頁以下、及び『日本「南京」学会会報』第八号五頁）。

なお、崇善堂の埋葬記録の史料的価値につき、それを疑問とする阿羅健一氏に

各文献の埋葬人数（2．3．1．ホ）

発生日	摘　　　要	典　拠
12.20	城内または城門付近で非武装の人4万人。うち約30%は兵隊でなかった。	ベイツ『戦争とは』47頁
3.14	紅卍字会の調査によれば、市内及び城門近くで処刑埋葬された非武装民は4万人。	ベイツ。『米国編』361頁
4.02	1.23～ 3.19紅卍字会だけで32104。そのうち3分の1は民間人。紅卍字会より聴取。	『ヴォー日記』240頁
4.15	1.中旬～ 4.14紅卍字会は城内で1793体を埋葬。約80%は民間人。紅卍字会より聴取。	『ヴォー日記』240頁
4.15	1.中旬～ 4.14紅卍字会は城外で39589体を埋葬。25%は民間人。下関三叉河を含まず。	『ヴォー日記』240頁
3.31	紅卍字会死体収容。 3.15現在城内1793、城外29998計31791. 下関上新河に収容。	『特務機関3』131頁
2.13	数日前から紅卍字会が埋葬を始める。既に12万体に上るとのこと。	蔣公穀『中国著作』102頁
6.30	五月始めまでの紅卍字会の埋葬死体は27万。	李克痕『中国著作』126頁

よる論文「架空だった南京大虐殺の証拠」が『正論』昭和六十年十月号に発表されている。（また、私見によれば南京市民の十二万余に及ぶ虐殺とその埋葬は、南京の人口が日本軍入城当時二十万余で、三八年三月末も二十万人を超えていたことから、そもそも無理で、崇善堂の埋葬が事実とすれば、その死体はどこから持ってきたかという新たな疑問が出てくるのである）

ベイツは市民虐殺一万二千人説を唱えたが、これは彼が早くから心に描いた説であって、彼はこの説を紅卍字会の埋葬結果を待って形成したのではなく、埋葬完了まえに既に心に固めていて、それを紅卍字会やスマイス調査に押しつけたのだ、と思う。ベイツとしては日本軍の残虐性を説明するのには、当時としてはこの一万二千人で十分であり、貧弱な殺人事件の事例（二十六件、殺された市民五十三人、目撃者ゼロ）と比較するとき、これでも大胆な断定であった。後年彼は東京裁判でもこの説を唱えたが、ホロコーストに匹敵する大虐殺を期待した東京裁判検察側は、そのような小さな数字では困るのであり、彼やマギーはむしろ厄介者とされ、かつて「南京安全地帯」の重要人物であったのに、東京裁判では脇役で単なる事件の一証言者に過ぎないこととなったのである。以下でこの推論の根拠となったベイツ説の形成過程を追跡したい。

ベイツの殺人人数及び埋葬人数にかんする所説の纏め──発表日順

一、『戦争とは何か』第四章　悪夢は続く　四八頁（三八年一月十日付のベイツの手紙にもとづくもの）

「一万人以上の非武装の人間が無残にも殺されました。これらの者は追いつめられた末に武装を放棄し、あるいは投降した中国兵です。さらに一般市民も別に兵士であったという理由がなくても、かまわずに銃殺されたり、銃剣で刺殺されたりしましたが、そのうちには少なからず婦女子が含まれています」（引用者註　この段階では市民一万二千人虐殺説はまだ固まっていない）

二、『戦争とは何か』第三章　約束と現実　四七頁

「以下の記述は、南京大学の一外国人教授によって一月二十五日に書かれたが、それは十二月三十一日に作成された報告の草稿と一月三日のメモをもとにしたものである」と原文に註があ

る。（引用者註　この文書はベイツが書いたものであることが後に明らかにされた。また、この文書は「査問工作」のやり方が不備であり詐欺まがいのことをやっているという抗議文が主体であり、『安全地帯の記録』の第五十号文書と同じものである。この五十号文書は一月二十二日付の第四十九号文書と一月二十六日付第五十一号文書の間にあるから、一月二十五日付であることは納得できる。従って、ここに述べられた一万二千人説は一月二十五日に登場したものであり、埋葬による証拠以前にベイツによって唱えられたものである、との解釈も成り立つ。埋葬は二月から始まっている）

「埋葬による証拠の示すところでは、四万人近くの非武装の人間が南京城内または城門の付近で殺され、そのうち約三十％はかつて兵隊になったことのない人々である」（引用者註　紅卍字会の埋葬記録には兵、市民の区別はない。一万二千人説の登場）

三、ベイツのティンパーリ宛て手紙三月十四日付　『アメリカ編』三一四頁

「紅卍字会の埋葬記録は殆ど出来ている。これによると市内及び城門近くで銃撃または銃剣により処刑された非武装民は四万人に上ると見られます」（引用者註　死体からどうして銃撃とか銃剣刺殺とかが分るのであろう。また死体が非武装の市民だと分るのも不思議だ）

四、『スマイス調査』二、戦争行為による死傷　二二二頁　（この本にはベイツの前書きがある。一九三八年中の刊行）

「死者三千二百五十人は状況の明らかな軍事行動によって死亡したものである。これらの死者のうち二千四百人（七十四％）は軍事行動とは別に（日本軍）兵士の暴行によって殺されたもので

強姦の事例（2．3．2）

強姦事例	安全記録	米国編	ヴォー日記	ラーベ日記	計	備　　考
事例数	175	47	10	11	243	
被害者数	376	157	37	154	724	大勢というような表示がこの他にある

ある。以上によって報告された死傷者に加えて、四千二百人が日本軍によって拉致された。こうして拉致された四千二百人は日本兵によって殺された者の数をかなり増加させるに違いないのである。（注1）」とあり、その（注1）は「市内及び城壁付近の地域における埋葬者の入念な集計によれば、一万二千人の一般市民が暴行によって死亡した。これらの中には武器を持たない武装解除された何万人もの中国兵は含まれていない」（引用者註　ベイツの要望により入れたのであろう）

五、東京裁判におけるベイツ証言　『日中戦争史資料8　南京事件Ⅰ』四八頁　昭和二十一年七月二十九日の証言

「我々は（日本軍入城後の虐殺を—引用者註）安全地帯及びその付近の地方について、出来るだけ調査したのであります。「スミス」教授及び私はいろいろの調査、観察の結果、我々が確かに知っている範囲で、城内で一万二千人の男女及び子供が殺されたことを結論と致します。その他市内で多数殺された者があります。我々はその数を調査することは出来ませぬ。又市外でも殺された者が相当をります。今まで申したことは中国の兵隊であり、あるいは中国の兵隊であったことのある何万もの男の虐殺を全然含まないのであります。国際委員会は三万人の兵士の亡骸を葬るため労働者を

雇ったのであります」

第二節　強姦

強姦事件の説明に移ろう（前頁表参照）。強姦事件は略奪とともに事件の件数上は、南京事件の主流をなすもので、この二者に「その他」の事件（女を出せと要求する事件が多い）を合計すると、『安全地帯の記録』の全事件五百十七件の七十四％（三百八十件）を占めるのである。それはこの三種類の事件に「ヤラセの事件」（「総論」の所で述べた安全地帯解消作戦に反撥したもの）が集中したからである。強姦事件について見てみよう。

『安全記録』強姦事例

	第１部	第２部	計
全件数	70	105	175
安全地帯内事例	68	25	93
安全地帯外事例	2	80	82
被害者名明示事例	4	55	59
〃明示なき事例	66	50	116

「ヤラセの事件」を反映して、『安全記録』の事件が圧倒的に多い。

「ヤラセの事例」の影響を見てみよう（「ヤラセの事件」は一月十四日の第百九十号以降の事件であるとベイツは言うが、ここでは『安全記録』の第二部が始まる一月七日で事件を分けて調査した。余り差がないからである）。上表を見られたい。

「ヤラセの事件」のために第二部で増えている。「ヤラセ」の影響がない一般の事件では第二部で減少する。

「ヤラセの事件」は安全地帯外で起こっている。ノーマルな第一部の事件は安全地帯内で身元不明者が多い。「ヤラセの事件」はヤラセ

強姦事例（2．3．2）　件数

	安全記録	米国編	ヴォー日記	ラーベ日記	計	備考
全事例数	175	47	10	11	243	
目撃事件	9	5	1	3	18	目撃事例は少ない。そもそも強姦を目撃できる人は少ない。
夜の事件	42	20	3	3	68	ベイツは強姦は日中の事件が3分の1だという。
日付無し事件	4	0	0	0	4	

強姦の記事（2．3．2）

記事掲載文献	安全記録	アメリカ編	ヴォー日記	ラーベ日記	戦争とは何か	海外報道	中国報道	中国著作	計
記事数	2	13	2	9	12	8	3	51	100

なので被害者が分っているケースが多い。

強姦事件のその他の様相を上の上段の表で見られたい。

強姦に関する諸文献の記事をみてみよう。（上の下段の表）

まず、『戦争とは何か』以降の宣伝的な文献に記事が多く、『安全記録』から『ラーベの日記』までの一般の残留外国人の記事が少ないのが目につく。

この残留外国人達の記事は「強姦」を巡る雑多な記事が多く、要件不備で事例にならないような集団強姦の記事や、また、「強姦された女が中絶にやってきた」、「安全区では強姦は殆どなくなった」（二月十三日ヴォー日記）、ラーベの二月初旬の日記にある「ヤラセの事件」の記事、ベイツの「強姦は例外的にしか起こらない。発覚す

強姦人数の記事（2．3．2）

記事掲載文献	安全記録	アメリカ編	ヴォー日記	ラーベ日記	戦争とは何か	スマイス	海外報道	中国報道	中国著作	計
記事数	0	4	0	0	1	0	4	2	3	14

れば死刑だそうだ」また「売春に走る少女を非難するのを止めた」というような記事である。

これに反し、中国関係の記事は、日本兵の強姦をどぎつく描写して、非難するとともに中国人の愛国心を鼓舞する内容のものが多い。しかし激情に走りすぎて、却って叙述が行き過ぎ、冷静な批判に耐えないものが多い。「日本兵は九才から八十才までのすべての女を犯す」。「犯した後は殺す」と言うが、三月末の人口数、男女比率は最初と変わっていない。「強姦されて恥じて自殺する人が多い」とか「安全地帯以外の所で強姦をし尽くしたので次に難民区での強姦を始めた」も事実に合わない。郭岐という潜伏中の大隊長が「下関の若い女子は、皆城内の女子大学へ強姦を避けて避難した」と言いながら、すぐその後で「女子大学では毎晩日本兵は乱獲をやっている。乱獲とは闇夜なので手探りで女を捜し、誰でも構わず犯すことだ」という。乱獲が毎晩起こるところへ女性が難を避けて入ってくるのもおかしいし、闇夜で手探りでしかできないことをやったのが日本兵だとどうしてわかったのだろうか。この郭岐と言う人は「日本兵は夜は外出する勇気はない。夜城内で暴れるのは中国人の悪者だけだ」と別の所で言っているのである。日本軍兵士を糾弾して自分たちの敗戦の責任を回避したいために、支離滅裂なことを平気で言っているのである。南京事件記録の一面を物語っている。

強姦人数の記事（2．3．2）

文献名	内　　　容
アメリカ編	一晩に千件。昼間も沢山ある（マッカラム）。難民区では何千人もの女性が（ベイツ）。何万人（初期には8千人といわる）（ベイツ）。
海外報道	15日明け方から目立つ、1日に千件1万人の婦人。（以上サウスチャイナ）。—2万人を下らず（チャイナフォーラム）。
戦争とは何か	ドイツ人同僚は2万件と見る。私も8千人以下とは思われない（ベイツ）。
中国報道	11才から53才までの女性のすべて、8千人から2万人（ノースチャイナ）。
中国著作	ドイツ人は2万件と言い、アメリカ人は証明できるものが2万あるという（半月文摘）12，3才から6，70才までの女性殆ど全部。（惨状記）

人口のことで思い出したが、范式之という中国人が「一月始めの人口は二十万、その後の虐殺数を引けば、いまは十六～十七万であろう」と三月二十九日に言っている（『中国著作』一三三頁）。この人は中国人にしては珍しく引き算をちゃんとやる人であるが、それだけにすぐ誤りを露呈することとなる。三月末の人口は一月に比べて少しも減少せず、二十万余であったのである。中国人がきちんと引き算をすれば、彼等が言う「南京事件」の虚報性が明らかとなり、「南京事件」は即座に解決するのではないかと思う。

強姦された被害者の数にかんしては全部で十四の記事があるが、その内容は上の通りであり、誇大な数字であると思う。

即ち、人口は安全地帯に集中しており、十二月二十四日まではそこを警備していた日本軍兵士は約千七百人であった。千七百人が一晩で千人を強姦する

略奪の事例（2．3．3）

掠奪事例	安全記録	米国編	ヴォー日記	ラーベ日記	計
全事例数	131	29	24	17	201
安全地帯の事件	78	28	11	10	127
他地域の事件	53	1	13	7	74

には全員が夜間外出しなければなるまい。一月二十二日までも市民はほぼ安全地帯に集中しており、そこを常駐して警備した日本軍歩兵はゼロだったのである。既述の如くベイツも「強姦は例外的にしか起こらない」と言っているのである。

強姦にかんする日本側文献を見よう。

強姦関係が七件、慰安所関係が五件ある。

「婦女暴行は慰安所設置までの短期間に発生したもの」とあるほかは「天野中隊長事件（中隊内に女性を連れてきて金を与えて部下に姦淫させ、軍法会議に付せられた事件）」の六件である。安全地帯以外の所を警備した日本兵は「女はいなかった」と言っている。

慰安所関係では参謀たちが慰安所の設置に努力している様が記されている。他の文献によれば、南京では多くの慰安所、女郎屋（日本人経営、韓国人経営、中国人経営のもの）が設置されており、中国女性の売春もあったようだ（本書一一三頁のベイツ発言参照）。

第三節　略奪

略奪事件について強姦事件と同様な検討をしよう。（上頁表を参照）

略奪事件の第一、二部区分

件数

略奪事例	第一部	第二部	計
安全地帯内事件	59	19	78
〃外の事件	5	48	53
計	64	67	131
場所明示の事件	54	20	64
〃不明示の事件	10	47	57
計	64	67	131

強姦事件とともに事例数は多い。特に『安全記録』の事件が多く、かつ、安全地帯外の事件が多いのは、強姦の場合と同じで例のヤラセが後半で頻出しているからである。その模様を上表に示す。

『安全地帯の記録』の第二部にはヤラセの事件が多く、事件は安全地帯の外で起こっており、かつ事件の場所も明示されていないものが多い。

第一部の事件は、これと逆に、安全地帯の中で多く起こっており、事件の場所も明らかなものが多い。

次に事件のその他の様相について検討する。（上表参照）

件数

略奪事例	安全記録	米国編	ヴォー日記	ラーベ日記	記
目撃事件	6	7	2	11	26
夜の事件等	21	3	5	1	30

事例数二百一件と多い割には、目撃された事件が少ない。特に『安全記録』は事件数百三十一に対し、目撃事件は六件しかない。事件が単なる伝聞に過ぎないものが多いことを示している。

次に略奪事件については、組織的になされたという記事が多いので、それを検証する。加害者であるとされる日本軍兵士の情報を調べたのは『安全記録』だけであるので、それを紹介する。
（左表参照）

略奪は組織犯か　『安全地帯の記録』の加害者情報の分析（２．３．３）

加害者人数	記載なき物	1人	2人	3人	4人	5人	7人	10人	数人	多く	複数形表示	計
事例数	21	8	14	14	10	1	1	3	6	1	52	131

これは加害者の人数によって略奪事件を分類したものであるが、確かに複数人による事件が多い。軍隊が複数で行動する場合は、指揮者がいる場合が多いから、これらの事件がすべて日本兵によるものとすれば日本軍兵士による略奪は組織的なものといえるであろう。しかし『安全記録』のうち目撃された事件六件についてみると、加害者二人の場合が二件、四人の場合が一件、「多く」とあるもの二件、不明一件となっており、確実に日本兵の事件といえるものについては「大勢が組織的にやったもの」とは言えない。目撃されたものでない略奪事件は中国人が大勢でやったものではなかろうか。そこで中国人がやった略奪事件を検討しよう。（次頁表参照）

中国人が略奪している模様は各文献に散在し三十六ヶ所に及び、中国人は安全地帯の大通に泥棒市場を開いて掠奪物件を売りに出した。しばしば引用するが、郭岐という潜伏していた中国の大隊長は「度胸ある難民達は昼は隠れ、夜活動し、難民区外の大企業、大店舗、大邸宅を物色。食品、絹織物、書画骨董、日用品を盗み」「夜盗んだものを昼、上海路などで露店販売した」と言い、ヴォートリンは放火は日本兵が略奪

中国人の掠奪、泥棒市場（2．3．3）　記事数

記事掲載文献	安全記録	アメリカ編	ヴォー日記	ラーベ日記	スマイス	戦争とは何か	海外報道	中国報道	中国報道	計
中国人略奪	1	5	15	2	1	1	3	0	8	36
泥棒市場	0	1	12	2					4	19
退却時暴行	2	12	5	12	0	4	12	0	1	48

の後を隠蔽するために行なうものだと当初信じていたが、やがて泥棒市場で中国人が「安全区内の何百という露店の売り物が殆ど盗品」なのを知り、南京の治安を維持するには中国人をも取り締まらなければいけないことを知った。幕府山という南京の東北方に十二月十四～十九日頃駐留していた会津若松聯隊のうち、十九人が手記を残しているが、そのうち十二人が南京を見物に行っている。十二月十四日から十九日までと言えば虐殺派の人に言わせれば、「南京事件」の最も激しかったときである。しかし彼等は「南京事件」には一言も触れずお土産を買って南京から帰ってきた。ただ窃盗には触れており、市内の被害は酷く、これは中国人も日本兵も同罪であると言っている。（これは『南京大虐殺を記した皇軍兵士達』という名の本に記されているのである。同書は「幕府山」というところで中国兵達を殺害した兵士のことを書いた本であるが、この本を出版した虐殺派の人達にとっては、「幕府山」事件の方が重要で、南京城内でなにが起こったか、あるいは起こらなかったかは大した問題ではないらしく、この件についてはなんの註釈もない。この頃、彼らにとっては「捕虜の殺害問題」が主たる関心事だったのである）

また、唐生智が南京守備の兵士達を見捨てて、南京から逃亡したので、中国兵の南京からの潰走が始まったが、この時にも中国兵の市内略奪があ

略奪の記事 「全外国文献」の統計（2．3．3）

記事掲載文献	安全記録	アメリカ編	ヴォー日記	ラーベ日記	スマイス調査	戦争とは何か	海外報道	中国報道	中国著作	計
記事数	0	47	27	23	2	12	24	8	32	175

って、それに関する記事が文献の四十八ヶ所に残されている。しかしこの時には日本兵の追撃が急であったので、中国兵達には時間的な余裕がなく、略奪はそれほど酷くなかったようだ。

略奪にかんする外国文献の記事は、非常に多い。（上表参照）

いずれも日本軍兵士の略奪のひどさを糾弾する内容で『アメリカ編』では「安全区内難民はうち続く略奪ですべての者が個人と家庭のものを失った」「（安全区外でも）街の九割の地区から中国人の姿がなくなり、略奪を働く日本兵が隊を組んでうろつき回っている」といい、ヴォートリンは「城内では略奪が続いている」「遠方の煙は、まだ略奪のある証拠」とし、ラーベは「十二月十四日午後から日本兵の略奪が始まった。六～十人の徒党、聯隊記章をはずしていた」といい、『スマイス調査』は「調査期間中の略奪の大半は日本軍による」とする。『戦争とは何か』は「極貧のものから最後の銅貨、最後の夜具がはぎ取られた」とし、『海外報道』は「街ぐるみ軒並み略奪かと思うほどであった。上官監視の下、屢々略奪品を中国人に運ばせた」という。『中国報道』も「略奪事件は枚挙にいとまがない」とし、『中国著作』は「入城後、日本軍の最初にしたことは食物衣服の略奪であった。彼等の給与物資は底をつき彼らは乞食同然であった」と侮蔑と憎しみを表わした。

では、日本側の略奪にかんする記録はどうなっているであろうか。

略奪にかんする記事が十二件、徴発にかんする記事が三十八件ある。

掠奪はあったようで、『中島（第十六師団長の）日記』も「かっぱらいの横行」を嘆き、「北支移転に際し、分捕り夜具一枚の携行をみとめた」「銀行の金庫破りは特務輜重兵がおおく」というが飯沼参謀は「粗暴に流れあるは引き締めに自信あり」とする。

しかし当時日本の方が中国より遙かに豊かな国で、一人あたり国民所得もずっと高かったので、中国に来てまで詰まらぬものを掠奪する必要はなかった。したがって個人的な掠奪はすくなかったと言う指摘もある（丹羽春喜「スマイス報告について」『大阪学院大学経済論集』平成七年八月、六五頁）。また当時南京戦に参加した兵士の筆者に対する話では、入城当時手紙を郷里に書くのに便箋等の用具に困り、文房具店などをあさったが、まもなく酒保（兵士に雑貨を売る軍用施設）が開設されて、そこで調達できるようになったという。日用雑貨や十分給与支給された現金の掠奪や、兵士が軍事必需品として持っていた時計の掠奪などは、日本軍の所行ではなかろう。

徴発について述べると、南京進軍中の日本軍に兵站部隊が追いつかず、兵士の給養には困難があったことは前に述べた。復習すると、揚子江よりに進軍した第十六師団は「給養は現地調達により」、第九師団も「上海より南京まで糧秣の補給なし。現地物資のみにて追撃した」という。杭州湾に上陸した部隊も第六師団は「南京進軍中、後方よりの補給困難、約一ヶ月現地調達」を強いられた。兵士たちは「入城後、振り返れば、鉄路に陸に野に山に幾たび生死の境を出て、寒

放火の事例「外国文献」の統計（2．3．4）件数

放火事例	安全記録	米国編	ヴォー日記	ラーベ日記	計
事例数	5	9	5	15	34
目撃事件	0	0	0	1	1
安全地帯事件	2	2	1	11	16
他地域事件	3	7	4	4	18
夜の事件 等	2	4	0	7	13
被害場所					
明示あり	3	1	3	3	10
明示無し	2	8	2	12	24

さに雨に風にそして糧秣なく支那家屋に徴発幾十度ぞ」という辛酸を嘗めた。しかし、南京入城後、直ちに南京米を百万俵発見したので、日本軍は主食の補給には心配なく、調達は配給では若干不足した野菜肉類の副食物、調味料の部隊調達に限られた。

「歩七は、十五、十六日官憲徴発した。将校指導の下、経理部長の区所（引用者註「取り計らい」の意）を受けて実施した」「歩二十は十七日全軍入城式に参加、十時三十分、三十分間の野菜徴発を許された」「畑の中で、葱、人参、菜っぱをとり、難民に洗わす。残飯を難民にやると彼等は喜んでやるのだ」「南京にて野菜徴発。四方伍長引率なり。日本語で中国人と話し、白菜を三車両に満載して帰る」などである。

第四節　放火

全市に亘って、日本軍が放火して回ったような印象を与える記載の割には、事例の数は少ない（上表参

放火の関連記事　「全外国文献」の統計（2．3．4）　件数

放火記事掲載文献	安全記録	アメリカ編	ヴォー日記	ラーベ日記	戦争とは何か	スマイス	海外報道	中国報道	中国著作	計
記事数	7	31	26	13	14	3	9	3	28	134

照）。また目撃された事例もたった一件しかない。外国人達は遠くに火災の火の手が上がるのを見て、あれは日本兵の仕業だと決めてかかるのである。強姦や掠奪と異なり、放火を大々的にやらせるわけには行かないので、一月後半での事件の急増もなかった。

　やはり放火は夜が多い。夜は日本兵は外出禁止である。遠望した放火が多いから、放火のように場所がすぐ分る事件でも場所の明示がない。

　放火についての一般的記事を見てみよう。（上表）

　放火の事例は三十四件しか記載がないのに、放火にかんする記事は百三十四もある。内容を摘記する。

①城内外の火災はすべて日本軍のやったこと。（『スマイス』）
②組織的にやった。（『安全記録』『ヴォー日記』『海外報道』『戦争とは』）
③掠奪の後を隠すため。（『ヴォー日記』『ラーベ日記』）
④南方商店街が酷い。中華路、太平路、夫子廟、ビジネス街等。（すべての文献）
⑤安全地帯は被害なし。（『エスピー報告』『戦争とは何か』『スマイス』）
⑥十二月二十四日頃より少なくなったが、まだ毎日一～二件はある。（『ヴォー日記』）

⑦難民の家が焼かれ、難民は帰るに家なし。（『戦争とは』『アメリカ編』『中国報道』）

しかしこの中には、事実と違う報道が沢山ある。夫子廟は消滅したと言うが、「南京事件」の翌年昭和十四年の二月（中国の正月）に盛大な祭りが夫子廟を囲んで行なわれ、週刊朝日の岡特派員がその模様を撮影し、四月の週刊朝日に掲載されている。次頁はその写真である。

被害の程度を示す記事がこの他にある。（十六件）

①街の三分の一は焼かれた。（『ラーベの日記』）

②城内建物の十三％、城外建物の六十一％が焼かれた。（『スマイス』）（筆者註　城外のは清野作戦の影響であろう）

③商店の三分の二が焼かれた。（『安全記録』）

④太平路の建物の六十％以上、中華路の八十％が焼かれた。（『アメリカ編』）

⑤入城後六週間に亘り、数千の建物を焼失させた。市の建物の二十四％以上が放火された。（『ベイツ回状』）

⑥商店の八割、住民の五割が掠奪され、焼き払われた。（「海外報道」）

しかしこれらは日本軍兵士の知見と大幅に異なっている。日本側文献の放火にかんする記録は二十二件ある。

①清涼山に上ったが、城内は殆ど兵火を免れ、市民また安堵の色濃し。（松井大将）

②しかし入城後火災が絶えないので消防隊を一月中旬組織した。その活動状況は、一月の出動

「反りをうつ建物は夫子廟」（二月二十日　南京にて岡（美）特派員撮影）とあるが、指摘の建物は夫子廟ではなく、夫子廟はこの建物の左手奥にあったが、当時は戦禍で焼失していたという。しかし歓楽街としての夫子廟（街）は健在であったことをこの写真は示している。

回数三十一回、二月は四十八回、三月は二十二回で、消火戸数は二千戸以上という。外国文献の放火事例の件数は十二月十九件、一月十件、二月四件、三月一件であるから、消防隊の件数の方が多い。よしんば外国文献の事例がすべて日本人の放火であったとしても、残りは中国人の放火ということになる。そして、その方が多い。

ある部隊が駐屯場所を変えるたびに近所で火災が起こるので、調査してみると「果たせるかな、中国人が日本軍のいる付近にガソリンをまいて付け火するのだ」これが二回もあった（「牧原日記」筆者註　日本軍の仕業と世間に思わせ、その評判を悪くするためであろう）。消防隊まで作って公に消火活動に努めるのは一般人相手のことであって、日本軍兵士の規律違反が主たる原因ならば、軍隊内部にて厳重注意を促すであろう。

しかし残念ながら、日本軍兵士による放火にも次の例がある。都城聯隊の一小隊長が十二月十九日、部下を連れて城外から城内見物に来たが、ロータリーの三階洋館から出火しているのを見た。彼はこれを「掠奪組の放火ならん。皇軍意識などない奴の行動だ」と推測し嘆いている。

第五節　拉致

日本軍が行なった住民の拉致によっても、被害を受けたという。その様子を見てみよう。（次頁上段参照）

拉致の事例も多い。特に被害者数が多い。これは敗残兵の摘発、連行処刑を含んでいるからで

拉致の事例　「外国文献」の統計（2．3．5） 件数　人数

拉致事例	安全記録	米国編	ヴォー日記	ラーベ日記	計	備　考
事例数	43	34	28	8	113	被害者数には＋αがある。以下同様。
被害者数	370	114	695	1907	3086	

兵士の連行（2．3．5）

兵士の拉致	安全記録	米国編	ヴォー日記	ラーベ日記	計	被害者数人数
兵士の拉致	0	2	0	3	5	1706
兵士と認定	3	1	5	1	10	1059
計	3	3	5	4	15	2764

「兵士と認定」とは筆者が文面より兵士と認定したものである。

ある。そこでまず兵士の拉致を見てみよう。（上表下段参照）

件数は少ない（百十三件中十五件）が、人数は多い（三千八十六人のうち二千七百六十四人）。ヴォートリンは女子大学難民収容所を担当していて、この収容所には女子だけを収容していた。その中には十二月十六日の第七聯隊の敗残兵掃討に際して、自分の夫や、息子が連行された人達も含まれていた（これについては敗残兵掃討の説明で「家族のものに泣きつかれて困った」という記事があったのを思い出されたい）。ヴォートリンはこれらの連行された兵士達の運命は処刑死だと思っていたが、残された妻や母親は（北朝鮮による日本人拉致家族と同様）、夫や息子の生存をあくまでも信じ、ヴォートリンに日本軍に釈放嘆願をしてくれと執拗に頼んだ。ヴォートリンは拉致家族に連行されたもののリストを作らせ、これを日本軍に提出した。リストは直ちに五百三十二名から始まり四月九日までで千三十五

市民の拉致（2．3．5）

市民の拉致	安全記録	米国編	ヴォー日記	ラーベ日記	計	被害者数人数
一般男子拉致	10	17	7	1	35	133
女性 拉致	30	14	16	3	63	188
計	40	31	23	4	98	321

被害者人数は単純合計で、文献間の重複を考慮していない。

人となった。この中には処刑されずに「模範刑務所」に収容されていたものがいた。日本軍は金正日と異なり、この問題を非人道的にも外交の手段として使うようなことはせず、調査の結果兵士でないものと判明した市民三十人は釈放した。このような事例が統計上は一件五百三十二人として算入されている。

兵士の拉致の残りが市民の男子と女子の拉致である。（上表）

一般男子の拉致は使役のためのものが多い。有料であったり、また飯を与えるだけで喜んで働くものもいた。女性の拉致は姦淫のためのもの、洗濯等の雑用兼のものもいた。こういう女性を募集したらベイツの面前で喜んで応募したものがいた。『南京戦元兵士１０２人の証言』の中には、娘を日本兵の宿営所に連れてきて、食糧と引き替えに娘を置いてゆく母親、ある部隊が中国人男性に雑役婦を頼んだら、安全地帯へ探しに行き連れてきたというような証言がある。これらは強制連行ではなく、自発的なものであろう。

拉致にかんするその他の様相を見よう。（次頁上段表）

拉致のような人道的な問題で他国を糾弾するに当たって、目撃された事例が非常に少なく、したがって拉致された人の名前すら分っていないケー

拉致の様相（2．3．5）

件数

拉致の様相	安全記録	米国編	ヴォー日記	ラーベ日記	計
目撃事件	2	1	3	7	13
安全地帯事件	40	28	18	8	94
他地域事件	3	6	10	0	19
夜の事件等	12	9	8	0	29
被害者名					
明示あり	8	4	3	0	15
明示無し	35	30	25	8	98

拉致の記事　「全外国文献」の統計（2．3．5）

件数

記事掲載文献	安全記録	アメリカ編	ヴォー日記	ラーベ日記	戦争とは何か	スマイス	海外報道	中国報道	中国著作	計
記事数	0	14	18	1	2	2	2	0	21	60

スが多い。現在日本で北朝鮮に対して、拉致された人の追加リストを出すに当たっての慎重な態度を考えるとき、これはあまりにも杜撰である。

拉致にかんする諸文献の記事を見てみよう。（上表下段）

『アメリカ編』では「女性は朝に晩に連れ去られる」「日本兵は昼間収容所で女を物色し、夜拉致する」というが日本兵は夜は外出禁止である。また農村資師学校では「これまで労働者の供出にはよく応えた」という、平和裡の協力もある。

『ヴォートリンの日記』の記事は先ほど説明したものが半分を占める。

『スマイス調査』では「拉致された者は大半殺された」「全市に引き延ばすと一万八百六十人が拉致された」という。敗残兵の拉致であろう。

『中国著作』では「日本兵は国際的信義を無視して難民区に突入し」「昼間南京大学に五回も検

査に来て、夜拉致する婦人の目星を付けておく」などとある（筆者註　日本軍は難民区に駐留したが、これは国際的な信義無視には当らない。夜外出禁止の日本兵が昼間に夜の行動の準備をする筈がない）。

その他は個別的な拉致の事例であるが、要件不備のため事例としてでなくここに載せたものである。

以上で日本軍兵士が行なったとされる暴行の主要な種類の説明を終わる。ご覧のように、いずれも杜撰なもので現代の我々の感覚からして、刑事事件の要件を満たしているものは少ない。このため、日本軍は当時、この不法行為を記した書類を提示されても、歯牙にかけず、何らの回答もしなかった。今日からすると、この事が却ってその後の日本の立場を不利にしたのではあるまいか、と思われる。当時一つ一つ反論しておけば、それが文書となって残り、当時の事情を後世の人がよりよく知るよすがとなり、「南京事件」などと言う大事件に発展するのを防げたのではないかと思われる。それが逆手に取られ、大悪事の露見を怖れ、証拠を隠滅したとされているのである。

なお、「傷害」「侵入」「その他」の不法行為については以下に統計を示すに止めたい。

傷害の事例「外国文献」の統計（2．3．6）　件数

傷害事例	安全記録	米国編	ヴォー日記	ラーベ日記	計
事例数	40	47	5	9	101
被害者数	47	51	6	16	120
目撃事件	0	2	2	4	8
安全地帯事件	19	17	4	2	42
他地域事件	21	30	1	7	59
夜の事件	13	7	4	0	24
被害者名					
明示あり	9	3	2	2	16
明示無し	31	44	3	7	85

「その他」の事例の明細　「外国文献」の統計（2．3．6）件数

「その他」の事例	安全記録	米国編	ヴォー日記	ラーベ日記	計
事例数	74	31	13	5	123
目撃事件	6	8	4	4	22
安全地帯事件	26	28	10	3	67
他地域事件	48	3	3	2	56
夜の事件	18	8	6	2	34
被害場所					
明示あり	27	21	6	2	56
明示無し	47	10	7	3	67

『安全記録』では後半に「ヤラセ」の事件があるので、「安全地帯外の事件」が多くなっている。「その他」の事例とは「女を出せ」というような事件が多い。

「その他」の記事　「全外国文献」の統計（2．3．6）　件数

記事掲載文献	安全記録	アメリカ編	ヴォー日記	ラーベ日記	戦争とは何か	スマイス	海外報道	中国報道	中国著作	計
記事数	0	9	4	9	2	0	2	4	12	42

侵入の事例　「外国文献」の統計（2．3．6）　件数

侵入事例	安全記録	米国編	ヴォー日記	ラーベ日記	計
事例数	24	20	11	12	67
目撃事件	6	2	1	10	19
安全地帯事件	19	20	8	12	59
他地域事件	5	0	3	0	8
夜の事件 等	7	7	2	4	20
被害場所					
明示あり	18	15	4	11	48
明示無し	6	5	7	1	19

第六節　傷害、侵入、「その他」

傷害

「被害者数」には他に「多い」というような表示がある。

傷害にかんする外国文献の記事は十二件ある（このうち日本軍の兵士がアリソンという米国大使館員を殴打した事件が六件）。

日本側文献はそのアリソン事件一件のみ。

第四章　南京郊外の捕虜敗残兵の問題

これまでの「南京事件」総論および各論で示された如く、南京城内の住民の対する事件だけでは、大規模な「南京事件」を立証する事が困難なので、虐殺派の論者たちは、南京郊外の捕虜、敗残兵殺害に議論を移して、ここで大量の残虐事件があったとする議論を最近では展開している。一局面での論争が不利な場合、他の局面に問題を移して局面を混乱させて、全局の戦線を有利に導こうとする常套的な手段であ

る。この虐殺派の戦略に乗らないように我々はこの問題を冷静に対処する必要がある。そのためにはこれらの問題を「南京郊外の捕虜敗残兵の問題」として「南京事件」とは切離して議論するのが得策ではないかと筆者は考える（碁将棋でも敵の手に一々挨拶するのは戦い上手とはいわれない）。それは次の理由からでもある。

東京裁判でも一般人に対する残虐行為が人道に対する犯罪として指摘されたのであって、捕虜の問題は最後の判決では殆ど問題にされなかったのである。即ち「南京事件」の核心は「市民に対する虐殺事件」であったのである。判決に対する前置きでは、捕虜が殺害されたことを指摘し、三万人以上が殺された、と言うが（『日中戦争史資料8　南京事件Ⅰ』三九六頁）、判決の本文は次のように言っているのである（同書三九八頁）。

「南京が落ちる前に、中国軍は撤退し、占領されたのは無抵抗の都市であった。それに続いて起こったのは、無力の市民に対して、日本の陸軍がおかした最も恐ろしい残虐行為の長期にわたる連続であった。日本軍人によって、大量の虐殺、個人に対する殺害、強姦、掠奪放火が行なわれた。残虐行為が広く行なわれたことは、日本人証人によって否定されたが、いろいろな国籍の、又疑いのない、信憑性のある中立的証人の反対の証言は、圧倒的に有力である。この犯罪の修羅の騒ぎは、一九三七年十二月十三日に、この都市が占領されたときに始まり、一九三八年二月の始めまで止まなかった。この六、七週間の期間において、何千と言うという婦人が強姦され、十万以上の人々が殺害され、無数の財産が盗まれたり、焼かれたりした」

安全地帯以外の捕虜敗残兵問題　「全外国文献」の記事の統計（2．4）

記事掲載文献	安全記録	アメリカ篇	ヴォー日記	ラーベ日記	戦争とは何か	スマイス	海外報道	中国報道	中国著作	計
記事数			3				1		16	20

要するに日本軍が南京入城後（十二月十三日以降二月初めまで）、無力の市民に対しておこなった事件が「通例の戦争犯罪および人道に対する罪」であって「南京事件」と後に呼ばれたものなのである。そして我々もまた此の「市民に対する事件」に心を痛めたのである。「捕虜等にかんする事件」は「人道に関する事件」とは切離して論ずべきもので、同じ「南京事件」の名のもとに論ぜられるべきものではない。

ただ、安全地帯に潜伏した敗残兵については、それが城内で起きた事件でもあり、かつ、便衣に着替えていたので、市民との識別の問題があった。それで「市民に対する事件」とともにこの篇で説明してきたのである。

「南京郊外の捕虜敗残兵の問題」は、これらの「人道に関する問題」とは別の問題であるが、便宜上、ここで説明することとする。

「南京郊外の捕虜敗残兵問題」については外国文献には上の如く記事がのっている。（上表）

ヴォートリンの記事は占領当時下関、三汊河、燕子磯等で敗残兵の掃討があったとするもので、これ以外には残留外国人の安全地帯以外の捕虜敗残兵問題にかんする記事はない。

中国著作のうちには、唐光譜の幕府山関係の記事が九件あり、また『還俗記』

の大湾子関係の記事が三件ある。いずれも戦後の記事である。即ち「南京事件」当時は安全地帯以外の捕虜敗残兵問題は問題にされていなかったのである。

次にこれに関する日本側の記事は次のようである。

安全地帯以外の捕虜敗残兵問題『戦史等』の記事の統計

記事内容	一般地域	幕府山事件	捕虜対応
記事数	16	7	25

「一般地域」の記事は、個々の場所での敗残兵の掃討、捕虜捕捉（例えば仙鶴門での捕虜八千乃至一万など）を報じており、幕府山関係では捕虜一万五、六千の取り扱いに不始末があった（飯沼日記）などの記事がある。捕虜対応の二十五件はつぎのようなものである。

① 激戦のため、また余りにも捕虜の数が多かったために、日本軍は捕虜の対応に苦慮した。（三件）

② 従って激戦中は「捕虜はせぬ方針」「捕虜は受け付けない方針」をとった。（二件）

③ そのため、敗残兵を捕獲後処断した例もある。（八件）

④ 然し捕虜として収容もした。（四件）

以上のことは激戦中の戦闘においては通常起こるところであって、沖縄戦で米軍も捕虜はせぬ方針であったと証言している米兵もおり（吉田健正『沖縄戦米兵は何をみたか』彩流社、平成八年、頁一六六、一三八、一四二)、南京戦に特有なことではない。

なお、『南京戦史』にこの問題に関する便利な一覧表があるので、若干アレンジして次頁に掲載する。

捕虜敗残兵逮捕一覧（『南京戦史』360頁の表の概略）

	場　所	日　時	関係部隊	敵兵数	準拠資料	摘　要
1	雨花門外	12日午後 13日午前	歩66 第Ⅰ大隊	1657	歩66第Ⅰ大隊戦闘詳報	敵兵数稍過大
2	紅山天文台 下関太平門	13日朝 13日午後	歩33	2896	歩33戦闘詳報	聯隊各隊の活動合計
3	下関 北門西方	14日午前	歩45 第Ⅱ大隊	約5500釈放の主力は江心洲へ逃亡	歩45聯隊史	確認数でない
4	堯化門付近	14日	歩38 第10中隊	7200	歩38戦闘詳報付表	確認数でない
5	幕府山（上元門）	14日	歩65	約8000	戦史叢書 郷土史証言	14日投降、1万4千、市民約6千を釈放
6	江心洲	14日夜 15日朝	歩41第7、第12中隊	2350	歩41第12中隊戦闘詳報	夜間。未確認の人数
7	獅子山	14日	歩33 第Ⅱ大隊	約200	歩33戦闘詳報	処断との証言
8	難民区東側	14日午前	歩20第4中隊	約200	歩20第4中隊陣中日誌	銃殺した
9	難民区周辺	14日	戦車第Ⅰ大隊第1中隊	約250他 約80名撃滅	戦Ⅰ第1中隊戦闘詳報	捕虜として収容
10	難民区	13～24日	歩7	6670	歩7戦闘詳報	比較的正確
11	難民区	12.24～1.5	歩兵第30旅団諸隊	約2000	『佐々木少将私記』	平民分離外交部に収容
12	難民区	1.5頃		約500		負傷兵は捕虜とす
13	馬群付近	12.14朝	歩兵第19旅団 歩20第12中隊	2～300	『小戦例集』 『牧原日記』	『小戦例集』では95人
14	和平門～復興橋	12月16.17日	歩38	数百	『佐々木少将私記』	『佐々木少将私記』の戦果は過大
15	和平門～江岸		歩33	数百		
16	南京近郊	24日～1.10	歩兵第30旅団諸隊	数千		実数は2千程度
備考	一応の目安として集計すれば約3万7千となる。北門は江心洲と重複なので除外					

なお8番から12番までは城内の事件である。「はしがき」に記したように捕虜敗残兵の問題は「南京事件」としては、副次的な問題と考えるので、この程度にしたい。

第三篇

「南京事件」の報道

報道の情報源「ベイツレポート」の虚報性

要　旨

上述の如く、「南京事件」を構成する事例は杜撰なものが多く、科学的な検証に堪えないものが多いのであるが、それにもかかわらず、これに関するメディアの報道は、一九三七年（昭和十二）十二月中旬より世界を駆けめぐり、日本軍の残虐性を示すものとして流布した。これを報道した記者たちは、十二月十五日に南京を離れており、事件を目撃したことはないのであるが、彼らが南京を離れるに当たって、南京大学の教授で中華民国政府の顧問であったベイツ氏は、日本軍が南京入城後の二日間に行なった暴行の行状を記した書簡（以後「ベイツレポート」とよぶ）を記者たちに渡した。特ダネに飢えていた記者たちはこれを自分たちの目撃した事件であるかの如く報道したので、人々はこれを実況報道として受け取り、「南京事件」は世界に流布することとなった。この篇では「ベイツレポート」が事実無根の記述であって、宣伝文書に過ぎないことを説明し、「南京事件」報道の虚報性を述べたい。

第一章　十二月十四日以前の報道

まず「ベイツレポート」が記者たちに手渡される前の報道をみてみよう。それは一般の新聞記

日本軍入城前（12月12日まで）の海外報道の記事（3．1）　計 123件

記事内容	清野作戦	人口問題	人口の集中	防衛軍	首脳の脱出	下関の悲劇	中国兵の暴行	南京進撃	南京攻略	空襲	安全地帯	委員会外人	難民	市民生活
件数	23	6	7	12	5	3	1	11	2	16	14	9	4	14

12月13日付の報道　（3．1．2）　9件

報道内容	中国防衛軍関係	日本軍砲撃関係	日本軍入城	パナイ号関係
記事数	2	4	2	1

者が自国に関係ない戦争を、興味深く見ている偏見のない記事であって、既述のような清野作戦の報道を主体としたものであった。筆者のデータベースでは十二月十二日までの記事は百二十三件であるが、それを内容的に分類すると上のようになる。

日本軍入城前（十二月十二日まで）の海外報道の記事

この記事の中で、空襲にかんする記事には、日本軍に対する批判が見られるが、日本軍の南京進撃の記事にも徴発を非難する記事はなく、松井大将の唐生智司令官に対する降伏勧告を述べたり、また、安全地帯の所や委員会外人の所では委員会の活動を褒めている、というようなものである。

日本軍が入城した十三日付の報道も上の下段の如く分類されるが、戦況報告であって日本軍の暴行などは報道していない。

十二月十四日付の報道は文献に見あたらなかった。

事実、この十二月十三、十四の二日間に、外国人記者たちは日本軍の暴行を目撃したことはないようである。

「南京事件」から約五十年を経た一九八六年（昭和六十一）、八七年に、事件当時南京に駐在していたニューヨーク・タイムズの

記者ダーディン氏、並びにシカゴ・デイリー・ニューズの記者スティール氏は笠原十九司氏のインタビューにこたえて「自分たちが南京で見たものは揚子江岸の敗残兵の処刑」であったと言い、市民の虐殺の目撃には触れなかった。またダーディン氏はさらに「わたしが南京にいた十三日十四日には、日本兵は中国兵の掃討に専念していた」と言い、他のことをする余裕がなかったことを暗示している。

第二章　虐殺報道第一報

しかるに彼らが「ベイツレポート」を受け取って、南京を去ってからの報道は一変して、日本軍の暴行を報道し出すのである。

「ベイツレポート」の内容は、後に詳しく述べるが、ここで要点を述べると、①日本軍は入城後二日間でその前評判を落とした。②それは、度重なる殺人、大規模で組織的な掠奪、婦女凌辱などを行なったからであるとして、その具体例を若干示し、③これは中国人を悪政から解放するのだという日本の戦争目的に疑問を抱かせ、日本軍の劣悪さを示すものだ、というのである。これを受けて外国人記者たちは虐殺第一報をするのであるが、それは筆者のデータベースでは六十七件であり、次頁のように要約できる。

このうち、サウスチャイナ・モーニングポストの匿名の記事は、最も「ベイツレポート」に近

虐殺第1報（3．2．1）

記　者	媒　体	発表日	
スティール	シカゴ・デイリー・ニューズ	12. 15　オアフ号より	内容はほぼ「ベイツレポート」に準ずるが相当の増幅あり
		12. 15　オアフ号より	
		12. 15　オアフ号より	
		12. 18　上海発	
ダーディン	ニューヨーク・タイムズ	12. 18　上海オアフ号より	内容はほぼ「ベイツレポート」
		12. 19　上海発	
アベンド	ニューヨーク・タイムズ	12. 16　南京オアフ号より	潤色あり
		12. 19　上海発	
匿名	サウスチャイナ・モーニングポスト	12. 25　南京在住の外国人が上海の友人に送った手紙（ほぼ正確な「ベイツレポート」の紹介）	
特派員	タイムズ	12. 18　上海発　南京でインタビューした外国人目撃者談の紹介	
メンケン	ワシントン・ポスト	12. 17　上海発オアフ号より記者目撃	
スティール	世界日報	12. 18　シカゴ・デイリー・ニューズの記事要約	

く、かつ、「南京在住の外国人が上海の友人に送った手紙」と記し、一応のニュースソースを示している。しかしスティールの記事は「生命の危険を冒して南京に残留した記者の目撃談」というような触込みで報道されており、記者の実況報道と受け取られ、しかもその内容が「地獄の四日間」「日本軍入城後は恐怖が支配した」とし、「何千人もの罪のない市民が犠牲になり」とベイツが言わなかった数字まで持ち出した。ダーディンも出所を明かさず、自分の見聞のような書き方をし、記事もスティールほどではないが増幅が見られ、「南京は民間人の大量虐殺があり」「死、拷問強奪の恐怖におののき」「街ぐるみ上官指揮のもと掠奪」

「大勢の中国人女性が強姦（ベイツはその報告はあるが未確認だとしていた）」と報道した。

このようにして「ベイツレポート」の内容やまたはそれ以上のものが広く事実として受け入れられ、「日本軍は規律正しい軍隊であるとの前評判を裏切って、世にも稀な無統制な残虐な部隊である」との評価が確立した。これが「虐殺第一報」である。

第三章　虐殺報道の定着増幅

我々の史料に現われる日本軍の「暴行行為」は一月以降急速に減少する。前にこの暴行行為の毎日の件数をグラフ上で推移を示したが（九五頁）、日本軍入城直後のピークから次第に減少してゆく様子が見られたのを想起されたい。

しかるに「ベイツレポート」に基づく虐殺報道は、ますます激しさを増すのである。我々のデータベースでは百七件のデータに及ぶのであるが、それを要約すると次のようになる。

まず殺人について述べる。「事件各論」の殺人の項で「殺人人数」の記事を採り上げたが、そのうち「海外報道」が報じた殺人人数をここに再録してみよう。

虐殺報道の定着増幅（殺人）	十二件	海外報道の殺人人数は虚報の「ベイツレポート」に基づいて生き、だんだん誇大になって行く。六千―一万―二万―三万三千人―八万―十万―十二万

このように、現場検証が行なわれないところでは、噂は噂を呼び、事件はどんどん誇大化されてゆくのである。殺害の態様等について補足すれば、「年齢性別に関係なく、無差別に」「大通りには何百も死体が」「二～三百人ずつ小銃、機関銃、戦車で。これは単なる殺戮だ」「無実の非戦闘員が数千も」「捕虜に穴を掘らせ、その捕虜を殺した後、その穴に蹴落とす」などである。

強姦についても、強姦人数の記述を再録しよう。

虐殺報道の増幅（強姦）	十五日明け方から目立つ、一日に一千件一万人の婦人（サウスチャイナ・モーニングポスト）。二万人を下らず（チャイナ・フォーラム）。

態様等について補足すれば、「婦人を好きなだけ弄ぶ」「見栄えのよい婦人はすべて」「暴行致死の婦人の数は計り知れない」「十一才から五十三才のまでの婦人が。上官指揮のもと」

掠奪についても同様で「日本軍の主要な犯罪は掠奪だ」「市内全域で掠奪」「十二月十九日より掠奪と放火が上官指揮のもと始まり、一ヶ月続いた」「商店の八割、市民の五割が被害を被った」「市内の建物全部を組織的に掠奪」と報道する。

そしてこれを総括して、日本軍の暴虐について次のように論難する。

発表日		媒体	概評
1	9	ニューヨーク・タイムズ	ヨーロッパの暗黒時代、野蛮時代の所業。日本の名誉を傷け、評判を落とした。

1	10	ライフ	近代史上最悪の大虐殺。
1	12	ワシントン・ポスト	上官は兵士の統制のため暴行を黙認。南京の無法の支配はなお続く。
1	28	ニューヨーク・タイムズ	南京進撃中も住民を虐殺。
2	11	マンチェスター・ガーディアン	五万の日本兵が十四日より、あらゆる暴行を行なった。
2	19	ハンカオ・ヘラルド	入城後、日本軍は恐怖の統治を敷いた。
3	16	サウスチャイナ・モーニングポスト	残虐行為は二ヶ月続いた。軍の統制乱れ、命令は守られず。
3	19	チャイナ・フォーラム	軍の統制弛緩で残虐行為をし日本を貶めた。

これによって見ると、残虐報道は海外紙だけでなく中国の外資系の新聞においてもなされていることが分る。

そこで中国自身のメディアの報道を見てみる。

第四章　中国の虐殺報道

中国の虐殺報道は五十一件あるが、そのうち十六件は「アメリカ人達の報道によれば」として、これを中国人に伝えるものであった。その後、中国独自の報道を始めるが、アメリカ人の報道に追随しているものであり、しかも愛国心に訴えるため増幅誇張が多い。殺人、強姦についての記述の説明を再録する。

中国報道（殺人人数）	（註　中国報道は「海外報道」の後追いである） 一万―二万―五万―八万―十万―三十万
中国報道（強姦）	十一才から五十三才までの女性のすべて、八千人から二万人（ノースチャイナ）

第五章　「ベイツレポート」の解明

以上見てきたように、「南京事件」の報道は「ベイツレポート」を淵源として、さしたる理由もないのに、どんどんエスカレートして行った。「ベイツレポート」はこのように「南京事件」の報道に影響するところが大きいので、「ベイツレポート」は慎重にその真偽を検討する必要がある。この章ではそれを行ないたい。その前にもうすこし詳しく「ベイツレポート」を紹介しておきたい。

第一節　「ベイツレポート」とは

本章の末尾に「ベイツレポート」の全文が示されている。そしてこれが記者たちが十二月十五日南京を離れるに当ってベイツから渡された声明文であると思われる根拠を示している。

「ベイツレポート」の概要は次の如くである。①前文で日本軍は期待に反して、入城後僅か二日間の南京における暴行で評判を落とした。②としてその暴行例を挙げ、③これによって日本軍の言うこの戦争のもっともらしい目的は虚構であり、日本軍の兵士たちは劣悪である、と結論づけている。ここで彼の言う日本軍兵士の犯した暴行とは次のものである。

イ　日本軍は十三日入城すると、安全地帯以外で多くの市民を銃剣で刺殺し、あるいは射殺した。このため十四日には、街路で死体が一区画ごとに見られた。逃げようとする者、夜パトロールで捕らえられた者は殺された。安全地帯でも十三日このような蛮行が行なわれた。十四日も同様であった。

ロ　元兵士であったものも、武器を捨て軍服を脱いでいたのに、集団で縛られ射殺された。

ハ　日本軍兵士たちは将校監視の下、商店を軒並み略奪し、大学病院や看護婦宿舎、その他の市内全域の家々が掠奪された。

ニ　強姦の事例も多く報告されているが、未確認である。

以上が「ベイツレポート」が伝える日本軍占領後二日間の南京における日本軍兵士の暴行事件の概要であるが、それではこれは真実を伝えるものであろうか。それを次に検証したい。

十二月十三日十四日の事件２日間計（３．５）　件数

	殺人	強姦	拉致	傷害	略奪	放火	侵入	他	計
安全地帯内	0	3	4	1	9	0	3	2	22
安全地帯外	0	0	1	2	4	0	1	0	8

第二節　「ベイツレポート」批判（六二頁以下の地図参照）

我々のデータベースは各文献に現われた南京事件の事例を発生日別に、しかも夜昼に分けて、かつ地域別に分類して示してくれる。これを利用してベイツが十三日、十四日の夜昼に起こったという事件とを比べてみよう。またベイツ自身が「『安全地帯の記録』は南京で起こった事件のすべてを明らかにする」と言うが、ここでは、『安全地帯の記録』だけでなく、『米国編』『ヴォートリンの日記』『ラーベの日記』に現われる事件をも総合的に考慮し万全を期すこととする。

一、安全地帯以外の事件

十二月十三、十四日の事件を安全地帯とそれ以外の所の事件に分けると上のようになる。

かねて筆者が主張しているように、「南京事件」の舞台は安全地帯であり、安全地帯以外の所では市民も殆ど居らず、敵影も見ずと外国人も日本兵もともに証言している。

特に安全地帯以外の所では、日本兵は十三日十四日は選抜された少数の部隊で用心深く担当地域を探索していたのであるから、事件など起こりようがなか

った。そのことが表の安全地帯以外の「殺人」「強姦」などの件数がゼロとして現われている。「掠奪」が四件あるが、これは宿舎設営のための食料その他の徴発であると思われ、商店に侵入して食料品を中心に掠奪したとされている。日本側の記録によれば（『戦史資料Ⅰ』二九五頁）十二月十四日南京城内に兵士と一緒に入った山崎正男第十軍参謀は、一方で兵士が宿営準備をしている傍ら、暇な他の兵士は戸毎に食料品中心に獲物を物色していたという記事があるので、恐らく照応する記事であろう。しかしこの近辺の商店には当時誰もいなかったので、これは威力で強奪したというケースではなく、空き巣の窃盗であったと思われる。このような宿営のための徴発は他の部隊の兵士も記録しているところであり（『戦史資料Ⅰ』四〇六頁「牧原信夫上等兵日記」）、行なわれたものと思われる。但し宿営準備のための臨時的なものであった。南京攻略後日本軍は城内で直ちに米百万俵を押えたので（『戦史資料Ⅰ』二七四頁「佐々木第三十旅団長私記」）、主食の徴発はもう必要がなく、食料の徴発はもっぱら肉、野菜等の生鮮食料品、調味料のみについて行なわれ、回数も激減した。私のデータベースでは入城後行なわれた徴発二十件の記事のうち十件がそれであった。『南京戦元兵士１０２人の証言』でも南京入城後は徴発はもう不要となったという兵士が九人もいる。

いずれにしても、ベイツ自身が、『戦争とは何か』の一〇三頁で「ここに（『安全地帯の記録』に）記録された事件はただ安全地帯で起きたものだけであり、南京のこれ以外の場所は一月末までは事実上、無人地帯となっていたのであって、この期間中、殆ど外国人の目撃者がなかった」

イ　12月13日　安全地帯内の日中の事件（3．5）件数

	殺人	強姦	拉致	傷害	略奪	放火	侵入	他	計
安全記録					1				1
米国篇									0
ヴォー日記									0
ラーベ日記			3		1				4
計	0	0	3	0	2	0	0	0	5

と編者ティンパーリを通して言っていることと、「ベイツレポート」の記事は矛盾しているのである。

すなわち、「ベイツレポート」は「死体が一区画ごとに見られ」といい、「逃げようとするものは殺され」「夜パトロールで捕らえられた者は殺され」というが、そもそも安全地帯以外の所には市民はいなかったのである。

以上で安全地帯以外の場所の事件の検証を終え、安全地帯の事件の検証にはいる。

二、安全地帯の中の事件

イ　十二月十三日　安全地帯内の日中の事件（上表ならびに第6図参照）

安全地帯の担当は第七聯隊であるが、この日の日中はまだ安全地帯に入っていない。

安全地帯に来たのは第六師団の一部、熊本聯隊の第三大隊と、大分聯隊の第二大隊である。彼等は安全地帯の担当ではなかったので、そこには一寸立寄ったという程度で、ヴォートリンの金陵女子大学の鳥

ロ　12月13日夜の安全地帯の事件　（3．5）　件数

	殺人	強姦	拉致	傷害	略奪	放火	侵入	他	計
安全記録									0
米国篇				1					1
ヴォー日記							1	1	2
ラーベ日記									0
計	0	0	0	1	0	0	1	1	3

小屋の鳥を物欲しそうに見ていたので、ヴォートリンがそれが売り物でないことを身振りで報せると、大人しく立ち去ったという。これは夕方のことであったので、筆者は十三日の夜の事件として「その他」の項目で整理してある。拉致が三件記録されているが、敗残兵の摘出連行であるので、十四日に記録すべきものであった。掠奪は軽微な事件であった。殺人、強姦は一件もなく、ベイツが魔の手は安全地帯に伸びたような言い方をするのは解せない。

ロ　十二月十三日夜の安全地帯の事件（上表ならびに第7図参照）

安全地帯にいた日本兵はすべて城外の宿営地へ去って行ったので、安全地帯には日本兵はいなくなる。ただ第七聯隊の兵士が翌日からの敗残兵掃討の準備として安全地帯を視察した。午後五時から深夜二時くらいまでである。視察が目的であったので何も起こらなかった。上表には多少の事件が記録されているが、日本兵の事件ではあるまい。ベイツはパトロールで夜捕らえられたものは殺されたと言うが、この夜のパトロールは、敗残兵の摘出や不逞分子の捕捉が目的ではなかったので、誰も捕らえられなかった。

ハ　十二月十四日　日中の安全地帯の事件（次頁表ならびに第8図の1

ハ　12月14日　日中の安全地帯の事件（3．5）　件数

	殺人	強姦	拉致	傷害	略奪	放火	侵入	他	計
安全記録		1			2				3
米国篇					3			1	4
ヴォー日記					1		1		2
ラーベ日記			0		0				0
計	0	1	0	0	6	0	1	1	9

参照）

この日から安全地帯では第七聯隊の敗残兵掃討が始まった。しかるにこの日九件もの事件が安全地帯の中で起こっていると記録されているのは解せない。十二月十五日まで南京にいたダーディンという記者も日本兵はこの三日間ほどは、掃討に専念していたという。敗残兵の掃討は皆が協同して網を絞ってゆくようにやる。網の目から敗残兵が抜け落ちては意味がない。辻辻に歩哨を立て、逃げ場をなくし、危険を避けるために必ず将校指揮のもと小隊単位で行なわれた。その協同作業から誰かが抜け出して勝手に婦女子に戯れたり、自分のために掠奪を行なったりすることはできないと思われる。掠奪六件のうち、三件はダブって記録されているものである。大学病院や看護婦宿舎で日本兵三十名ほどが指揮者もなしに万年筆、時計、セーターなどを取ったというもので、「ベイツレポート」も例としてあげているものである。

『米国編』ではウィルソンが家族にあてた手紙で、自分とフィッチが立ち会ったように書いているが、日本側へ提出する『安全記録』には調査で事実無根となるのを怖れてか、ウィルソンもフィッチも登場

二　12月14日夜の安全地帯の事件（3．5）　　件数

	殺人	強姦	拉致	傷害	略奪	放火	侵入	他	計
安全記録		2	1		1		1		5
米国篇									0
ヴォー日記									0
ラーベ日記									0
計	0	2	1	0	1	0	1	0	5

せず、単なる噂として報告している。また、この三十人にはリーダーが誰もいなかったと言っているのも、危険な掃討の最中の事件としては信憑性のない事件である。総じてこの日の安全地帯の事件九件には筆者としては疑問を感ずるものである。

二　十二月十四日夜の安全地帯の事件（上表ならびに第8図の2参照）

この日掃討が終わると第七聯隊の兵士は第一公園近くの宿営地へ帰って行った。したがってこの夜は安全地帯の中には日本兵は一人もいなくなった。ヴォートリンも日記に夕刻日本兵は東の基地に帰ってゆくと記している（『ヴォートリンの日記』五四頁）。したがってこの夜は安全地帯の中で日本兵の事件は起こらないはずである。しかるに五件の事件が記録されている。この内『安全記録』の強姦一件、拉致一件、侵入一件は『安全記録』の事件番号五に「この夜も強姦、拉致、侵入などの事件があった」と抽象的に書かれているのを、筆者が各々一件の事件としてデータに記録したもので、何等具体的な事件ではなく削除してよいものである。残りの二件も日本兵不在の所では、日本兵の事件ではないであろう。

三、「ベイツレポート」総論

以上の如く、安全地帯内外における市民に対する事件についての「ベイツレポート」の所説は、根拠のないものであり、部隊の設営のためにする徴発を掠奪と称するならば、それがほぼ唯一のものであった。

四、敗残兵の掃討

「ベイツレポート」における敗残兵の掃討に関する説明は次のものを骨子としていて、事実とは異なり悪意に満ちて、日本軍の残忍性を際立たせる内容となっていた。「ベイツレポート」は言う。「元中国兵は――日本軍によって――数珠つなぎにしばりあげられて射殺されました。これらの兵士たちは武器を捨てており、軍服さえ脱ぎ捨てていたものもいました」

日本軍は「元」中国兵を摘出処分したのでなく、現役の敗残兵を掃討したのである。数珠つなぎにして連行したものもあるが、それは一部である。武器をすてた振りをしていたが、捜索によって大量の武器弾薬が摘発されている。軍服を脱ぎ捨てたものもいたと言い、一部軍服を着ているものもいて、それを摘発するのはやむを得ないがという口吻で、軍服を脱いで（戦意を失った）ものまで摘発するのは残忍であるとの印象を与える書きぶりである。しかし事実はすべての敗残兵が便衣に着替え市民の中に紛れ込もうとしていたのである。第二篇第一章で詳述したように、当初委員会は自分達の手で中国兵を武装解除したから（実際にはごく一部の兵にたいして武装解除したただけ）これらの中国兵を戦時捕虜として取り扱えと主張したのであるが、日本軍はこれを峻拒した。それ以後彼等はこの主張を口にすることはなく、敗残兵の摘出処分は正当であると認め、ただ一般市民と便衣に着替えた敗残兵の区別の仕方が杜撰だと言うにとどまった。「ベイツレポート」はこれらのことをすべてネグレクトして、ただ日本軍を誹謗する内容となっている。

第三節　「ベイツレポート」の総括

以上の如く、「ベイツレポート」の内容は虚構であり、これを基にした「南京事件」報道も虚報であるが、その中で特に筆者が指摘したいのは、日本兵の暴行がまず安全地帯の外で行なわれ、次いで安全地帯の中に及んだと言う事をベイツが言っていることである。

何回も指摘したことであるが、これは「安全地帯以外は無人地帯で、そこで事件があったことを目撃した外国人はいなかった」というベイツ自身の証言と矛盾しているのである。しかし「ベイツレポート」でこのことを認めることによって「南京安全地帯の事件」を「南京事件」に転化させるきっかけを作ったのである。この説は、時間的、空間的に南京の現場を離れていて現場検証が利かないところでは、「南京事件」をアウシュビッツに比すべき凶悪な事件としたいと願う人達によって、ますます確固たるものとされるようになった。

南京米国副領事のエスピー氏の「日本兵が数千数万と全市に蝟集し、言語道断なる掠奪、残虐をなせるなり」という報告は東京裁判で検事側の最終論告に採り上げられ（『日中戦争史資料8

南京事件I』三〇八頁)、また中国側の公式史料である『証言　南京大虐殺』はその巻頭に「日本軍は入城後、人とみると殺し、女とみると犯し、財物と見れば掠奪し」としているのは、すべてこの「ベイツレポート」に発しているのである。

当初筆者はこの「ベイツレポート」の内容は事実と異なっていると考えるに止まっていた。しかし現在、筆者はベイツがこの内容の声明文を新聞記者達に渡したのは極めて意図的で、日本国ならびに日本軍を誹謗する明瞭な意図のもとになしたことだと考えるに至った。

『戦争とは何か』の編者ティンパーリが「ベイツレポート」の筆者を紹介するに当たって、次のように言っている。「この人は南京の外国人の間で最も尊敬されている人であり、その公正な態度で知られている」と。しかし真に冷静な学者で公正な態度で事象を捉えようとする人は、僅か二日間の乏しい資料に基づいて、一国の国民の性格や軍隊のありようについて、早急な判断を下すであろうか。中華民国政府の顧問で蔣介石を助けたいベイツは日本軍が入城したら、その非を捉えて世界に宣伝し、援蔣反日の手段を巡らそうと待ちかまえていたのである。それが「ベイツレポート」を生み、国民党中央宣伝部顧問であったティンパーリはこの「ベイツレポート」に真実性を持たせるために、ベイツの人格を持ち上げたのである。実は日本軍入城の前から南京の市民生活はベイツたちの反日派によって統御されていて、このようなことを生じさせる雰囲気、土壌があったのである。このような「南京事件」胚胎の土壌としての市民生活の様相を次の篇で検証したい。

付　ベイツの〝化けの皮〟これまでの所説の纏めの意味も込めて

平成十四年（二〇〇二）四月発行の「諸君！」誌上で東中野教授は次のことを発表された。

一　（平成十三年九月）教授は訪米して、イエール大学の南京関係文書の中に次のことを発見された。

イ　ベイツは中華民国政府顧問であった。

ロ　南京事件に絡んでと教授は推測するが、一九三八年と一九四六年にベイツは中華民国政府から勲章を授与されている。

二　「南京事件」の中国側の最初の宣伝書である『戦争とは何か』の編者ティンパーリは、国民党中央宣伝部顧問であったが、ベイツとティンパーリは長年の旧知であった。

三　南京では虐殺はなかった。

イ　市民虐殺はなかった。外国人で市民の虐殺を目撃した人は一人もいなかった。

ロ　城内では捕虜の虐殺もなかった。城内の安全地帯に潜伏した中国軍の敗残兵を摘出、処分したが、それは合法的な「不法戦闘員の処刑」であって、「不法な捕虜の処刑」ではなかった。

四　ベイツは市民と捕虜の虐殺を主題とするベイツ「レポート」を南京に駐在していた記者たちが、南京を離れる十二月十五日に渡している。このベイツ「レポート」がその後の「南京事件」報道の基調となるが、それはしたがって虚報である。

五　ベイツはこの他に、当時の南京城内外において日本軍は四万人の中国人を殺害した。そのうち一万二千人は非戦闘員の市民であったと言うが、これには何の根拠もない。

六　四と五のような虚報を発表するときベイツは実名でなく、匿名で行なったが、その化けの皮がこの論文で明らかにされた。（この論文の表題は「南京大学教授〝ベイツの化けの皮〟」である）

第四節　「ベイツレポート」全文

ベイツレポート

『アメリカ編』三七七頁、ベイツ回状には「『中国における日本軍の暴虐』（即ち『戦争とは何か』）の中には、十二月十五日に、当日南京を離れようとしていた個々の新聞記者に利用して貰おうと、私が準備した声明が掲載されています」とある。

『戦争とは何か』二四頁には「つぎの文章は、南京在住の一外国人が（日本軍の）突入直後上海の友人に送った十二月十五日付の手紙からとったものである。この人は南京の外国人の間で最も尊敬されている人であり、その公正な態度で知られている」とある。

この文章と同じ文章が（訳文に多少の異同はあるが）、『ドイツ外交官の見た南京事件』の二七頁に載っていて、そこには「一九三七年十二月三十日付北平文官報告に添付　S・ベイツ博士（金陵大学）による報告の写し」とある。

以下は『戦争とは何か』二四頁の「ベイツレポート」全文である。

「南京では日本軍は既にかなり評判を落としており、中国市民の尊敬と外国人の評価を得る折角の機会さえ無にしてしまいました。中国側当局の不面目な瓦解と南京地区における中国軍の壊滅によって、ここに残った多くの人びとは、日本側が高言している秩序と組織に応じようとしました。日本軍の入城によって戦争の緊張状態と当面の爆撃の危険が終結したかと見えたとき、安心した気持ちを示した住民も多かったのです。少なくとも住民たちは無秩序な中国軍を怖れることはなくなりましたが、実際には、中国軍は市の大部分にたいした損害も与えずに出ていったのです。

しかし、二日もすると、たび重なる殺人、大規模で半ば計画的な掠奪、婦女暴行をも含む家庭生活の勝手きわまる妨害などによって、事態の見通しはすっかり暗くなってしまいました。市内を見まわった外国人は、このとき、通りには市民の死体が多数ころがっていたと報告しています。南京の中心部では、昨日は一区画ごとに一個の死体がかぞえられたほどです。死亡した市民の大部分は、十三日午後と夜、つまり日本軍が侵入してきたときに射殺されたり、銃剣で突き殺されたりしたものでした。恐怖と興奮にかられてかけ出すもの、日が暮れてから路上で巡警につかまったものは、だれでも即座に殺されたようでした。その過酷さはほとんど弁解の余地のないものでした。南京安全区でも他と同様に、このような蛮行が行なわれており、多くの例が、外国人および立派な中国人によって、はっきりと目撃されています。銃剣による負傷の若干は残虐きわまりないものでした。

元中国兵として日本軍によって引き出された数組の男たちは、数珠つなぎにしばりあげられて射殺されました。これらの兵士たちは武器をすてており、軍服さえぬぎすてていたものもいました。そういうわけで、略奪品や装備の臨時運送人として使役するためにどこかでひろいあげてきた男たちを除けば、実際にあるいは明らかに処刑の途上にある、このような集団以外には日本軍の手中には捕虜の影さえも見られませんでした。難民区内のある建物から、日本兵に脅迫された地元の警官によって、四百人が引き出され、五十人ずつひと組に縛られ、小銃を持った兵隊と機関銃を持った兵隊にはさまれて護送されて行きました。目撃者にどんな説明がされても、これらの人びとの最期は一目瞭然でした。

目抜き通りでは、中国兵が主として食料品店や保護されていないウィンドウなどからこまごました掠奪を行なっていましたが、それが、日本軍の将校の監視の下で店先から店先へと移る組織的破壊にとって代わられました。日本兵は、大荷物を背負って人を押分けてゆく手助けに運送人を必要としました。まず食料を求めたのですが、やがて、その他の日用品や貴重品もやられました。市内全域の無数の家が、人が住んでいようがいまいが、大小かまわず、中国人の家も外国人の家も、まんべんなく掠奪されました。次に述べるものは兵士による強盗の特に恥知らずな例です。集団捜査が行なわれるうちに、収容所や避難所の多数の難民は、わずかな所有物のうちからさえもお金や貴重品を奪われました。大学付属の鼓楼医院職員は直接、現金や時計を奪われ、また看護婦宿舎からもその他の所持品が奪いとられました（これらの建物はアメリカ人資産で、やはり掠奪された他の建物と同様に、自国旗を掲げており、また大使館の布告がはってあったものです）。日本軍は旗を引き下ろしてから自動車や他の財産を強奪しました。

婦女強姦、凌辱の例も数多く報告されていますが、まだそれを細かに調査している時間がありませんでした。しかし次のような例は事態を示すに十分であります。私たちの外国人の友人の近くにある一軒の家から、昨日、四人の少女が兵士たちに誘拐されました。外国人たちは、市内の一般住宅から実際上放棄されてしまった場所にある、新たに到着した将校の宿舎に八人の若い娘がいるのを見ました。

このような状況下での恐怖状態は筆に尽くすことはできませんし、もの柔らかな将校たちが口にする「戦争をする唯一の目的は、中国人民を救うために圧制者である中国政府と戦うことである」という言葉を聞くと、まったく吐き気をもよおすほどです。

南京で示されているこの身の毛もよだつような状態は、日本帝国の最良の達成を示すものでないことは確かですし、これにたいして責任を負う日本の政治家、軍人、一般市民が居るには違いありません。これらの人びとは、ここいく日かが中国における日本の立場に及ぼした害悪を、自らの国益のためには即座に矯正することでしょう。職業軍人として日本帝国にふさわしい、紳士として振る舞った兵士や将校も個々にはおりました。しかし全体の行動はひどいものでした」

第六章　中国人には「南京大虐殺」は受け入れられやすく、その「否定説」は受け入れられ難い

以下の前半は黄文雄氏や北村良和氏の説の受け売りであるが、表題のことをよく説明していると思われるので概略を説明する。

中国の戦争（国内戦）と日本の戦争とでは大きな違いがある。それは城のあり方に端的に現われている。南京城内は前に説明した如く、杉並区くらいの大きさのもので、その城壁の周囲は東京の山手線と同じ三十四キロだと言われる。即ち、環状線を全部高い城壁にして堅固にし、出入の門は二十くらいにして、不審なものの出入りを常に厳重にチェックする。これによって中の住民の安全性が保たれる。いわばそれは一つの都市国家である。戦争はこの都市国家と都市国家の間で行なわれるので、いわば国家間の総入れ替えが行なわれることが多く負けた方は全滅、虐殺の憂き目に遭うことが多い。それでこれを「屠城」と呼ぶ。

南京も歴史的に見て十何回も屠城の憂き目にあっている。この屠城を防ぐために、市民は総掛かりで協力し、清野作戦をやり、城の周りに落とし穴を掘って敵兵を捕捉しようとする。だから日本軍の南京攻略はこの屠城であり、大虐殺をしたのだという考えは極めて受け入れられやすく、大虐殺はなかった等という説は「ごまかしの説」と取られやすい。

日本の戦争はこれとまったく異なる。織田信長が岐阜の斉藤道三を攻めたときのことを考えてみよう。信長の居城は尾張の清洲にあった。あたりは清洲の街でその中に若干堅固な館が信長の居城であった。それで信長は「お館様」と呼ばれていた。岐阜城を攻めるに当たって、清洲の町中に散在していた家臣団を館に集め、出陣した。斉藤道三も同じように、岐阜城に家臣団を集め、信長に対抗しようとした。岐阜住民たちはいわば高みの見物で、どちらが勝つか帰趨を見守り、こんどの城主は誰で、その人はどんな年貢の取り方をするかと考えていた。

即ち、日本では、戦争は武士対武士の行なうものであって、住民を含めて相手国を抹殺することは考えられもしなかった。住民、農民はこれから年貢を徴する大事な人々で武将からは「お宝」と意識されていた。此の「戦争は武士対武士のもの」との考えを押し進めたのが、秀吉の「刀狩り」の制度であった。これは一面から言えば武士の支配を貫徹するための制度であったが、また一面から言えば、戦いは武士階級だけのものとの意識が生じ、明治以後も一般人の武器所有を禁じ、武器をもてるものは兵士と警官だけということとなり、このことが世界に冠たる治安国家日本を生じせしめたのである。われわれは秀吉の余慶を蒙っているのである。だから日本では戦争に住民を巻込むことはまったく考えられなかった。

これは、日本では農民が耕作権を自分の土地に対して持っていたからである。土地所有権を上部土地所有権と下部土地所有権に分ければ、上部土地所有権は領主が持っていた年貢徴収権であり、下部土地所有権は農民のもっていた耕作権であった。「国盗り物語」と言うが国土や農民が征伐の対象になったわけではなく、この上部土地所有権である年貢徴収権が争奪の対象となったのである。城主や領主がいくら変わっても、農民は耕作権を持っていて、その土地に生活していた。浜松城の天守閣の壁面には、歴代の城主の名が連ねてあるが、その姓が最初の徳川からどんどん変わって行く。所謂領主の「お国替え」で、領主はサラリーマンのように幕府の命令で転勤させられたのである。領主は家臣団を連れて、極めて短期間に新赴任地に転勤しなければならなかった。しかし耕作権をもっていた農民は、これと無関係で、自分の土地とともに暮らしていた。

このように、日本では、農民が領主から独立した存在であったことが、中国の戦争と日本の戦争との様相を異なるものにした原因であろうと思われる。そして筆者の考えでは、この事がまた明治になって、廃藩置県や地租改正などの近代化の諸施策の採用を容易にし、土地所有権の絶対性の通念が成立したことなどと相俟って、アジアの諸国に比して日本が近代化の波に早く乗る事を容易にした要因であろうと愚考する。

第四篇 「南京事件」胚胎の温床としての市民生活

日本軍と国際委員会の対立抗争

概説

南京に残留した外国人の有志十数人は、国際委員会を結成し、安全地帯を設けて、そこを中立地帯とし、市街戦の起こらない所としようとした。その目的は三つあった。

一つは、ここに中国の難民達を集め、その安全を保証し、食料と住居を与えて救済しようとすることであった。しかし日本軍入城前は、日本軍は規律正しい軍隊であるとの評判であったので、ここでは食料と住居の供与という救済目的が主体であった。第二の目的は、残留外国人達の財産の保全である。南京における外国人達の豪壮な邸宅や財産が安全地帯に集中していたので、ここに中国難民を収容し、中立地帯として市街戦の戦禍が及ばない地域とすることは、彼等にとって重要なことであった。日本軍は立地上の不完全さから、ここを中立地帯としては認めなかったが、その趣旨は尊重し、空襲や砲撃に当たっては、安全地帯を考慮して行なったので、この目的は十分に達せられ、外国人たちは感謝している。第三の目的は、白人はこの地球上において最も文化的に優れた人種であるとの優越感から、日本軍の行政権に服する事を嫌い、日本軍の占領地域の中で、自らが行政的に中国人を支配し、独自の行政状態を作ろうとしたのである。

これらの三つの目的のうち、外国人たちが最も重視したのは第三の目的であった。それは「国際委員会」という名称に彼等が最後まで固執したことに現われている。国際委員会は後述するように徐々にその行政的な機能を消失してゆき、委員長のドイツ人ラーベは救済的な事業しか残されていない実態に照らし、名称を「国際救済委員会」と改訂することを委員会内部で主張するのであるが、アメリカ人たちは「国際委員会」という名称にこだわり、救済だけを目的とすることを拒み続けるのである。

ここで筆者が特に注意を喚起したいことは、一般の「南京事件」に関する著書にはあまり詳しく触れられていないが、国際委員会が日本軍の占領目的と無関係に中国人を統御し独自の行政状態を作ろうとする態度に日本軍は不快を感じており、両者は絶えざる確執と抗争の中にあったことである。このため、日本軍は国際委員会と安全地帯を潰そうと努め、対抗馬として自治委員会を中国人に作らせ、国際委員会の機能をこれに代らせようとした。国際委員会の南京市民の人心を把握する手段は、住居の配分権と、食糧の配給権にあったので、日本軍はまず食糧の販売権を自治委員会の専売とし、国際委員会から手を退かせた（但し難民救済のための措置は認めた）。ついで安全地帯解消作戦を展開し、難民達にもとの住居（安全地帯以外の所）へ帰還するよう奨めた。国際委員会はこれに猛反発し、市民の元の住所には、日本軍が待機して、様々の暴行を行なうと宣伝して、これを阻止しようとした事は、前に詳細に述べたところである。そのために市民の帰還運動が、なかなか進まなかったので、日本軍は二月四日を期して、強制的に安全地帯閉鎖作戦を展開すると、一月二十八日に宣言した（但しこの強制措置は取られなかった）。しかし食糧配給権を失った国際委員会から、人心は次第に離れ、住民の帰還運動は進んでゆき、ついに安全地帯は解消されるのである。

筆者の考えでは、日本軍のこの国際委員会に対する態度は、自然なものとして首肯できるものだと思う。外国軍隊の占領地で、第三国の人達が行政機構を作って、占領軍とは無関係に、またはその意に反して市民を支配しようとする試みが、南京においては行なわれたのである。これは世界の戦争の歴史が始まって以来初めてのことであろう。無理・無法と言う外あるまい。それは白人の優越意識から出てきたものであろうか。試みに、立場を変えて連合軍の東京進駐の時に同一のことが起こったと考えれば、理非の程は明らかであろう。普段からアメリカに対して余り快く思っていない民族がいたとする。その民族がアメリカ軍の進駐を前にして、東京都の一区画、例えば千代田区に立てこもり、残留していた都民を全部ここに集めて、中立地帯と宣言し、楽園を建設する目的から、アメリカ軍に対して食糧の調達と、周囲の治安確保を命じたならば、マッカーサーはどうするであろうか。これを一笑に付し、直ちにその組織の解体を命ずるであろう。日本軍も南京においてまさにそのような態度を取ったのである。しかるに南京では外国人たちは、自分たちの「人道的行為」を日本軍が妨げると全世界に訴え、日本軍の残虐行為という虚報をまき散らすことによって、自分の立場を擁護しようとした。アメリカ人の中でも冷静なコーヴィルは、三十八年四月に南京を視察して実情を見て、「安全区を無視する権限を日本軍は持っている」といっている。

特に日本占領軍が安全地帯に侵入した直後の敗残兵の摘発と処分は、かれらの威信と誇りを傷つけるものであった。国際委員会の人達は「安全地帯」の中でのすべての生命財産の安全を主張して、これを設立した。敗残兵に対してもその安全を保証する自信があった。しかるに彼らの主張は破れ、日本軍は安全地帯を掃蕩し、一部の中国兵を処刑した。しかも彼等は「敗残兵は敗残兵であって、戦争捕虜ＰＯＷではない」という日本軍の正当な主張に屈せざるを得なかった。そして彼らの目の前で、敗残兵は連行され、揚子江岸で処刑されたのである。彼等は中国難民の前で、面目を失い、戦争の冷酷さを味わうと同時に、その感情は日本軍への憎悪へと転化していった。即ち戦争の冷酷さは、「日本軍の残酷さ」への主張と転化された。これが彼等の言う「南京事件」の根幹をなすものであり、ここからいわゆる「南京事件」の数々が派生したのである。

しかも、この虚報を利用しようとする大きな力が二つあった。

それはまず、蔣介石であって、彼は戦争相手国日本の悪評を拡め、世界の同情を中国に集めようとした。日本軍に対する国際委員会の感情は直ちに彼に利用された。彼は顧問ベイツや国民党中央宣伝部顧問ティンパーリに命じて、日本軍の悪行を世界に宣伝させた。

もう一人はルーズベルトであった。彼は中国における利権獲得の主導権争いの中で、日本を敵視し、日本に対し厳しい態度を保持していたが、米国民は冷静、かつモンロー主義にたてこもっていたので、日本人が憎悪すべき対象であるとする世論形成は大歓迎であった。かくして日本人残虐説を主張する「南京」事件情報が世界を駆けめぐったが、元々実体を伴わない虚報であったので、やがて火の消えるように消えていった。それは「事件」後、虐殺があったとする南京の人口がすぐ激増したことに表われている。これが「南京事件」の実相である。

以上が「南京事件」を成立させる残留外国人側の事情であるが、南京市民側にはどういう要因が働いていたであろうか。

南京市民は、残留外国人側に生殺与奪の権を握られていた。残留外国人達は、人間の生存にとって必要不可欠な食糧と住居の配分権を握っていたので、市民は残留外国人の意のままに動かざるを得なかった。いずれの国の民衆も、この点については大同小異であろう。特に中国民衆は度重なる洪水、旱魃、戦禍に悩まされ、厳しい生存条件の下に暮らしてきた。かつて彼等の朝の挨拶は「おまえは飯を食ったか」と言うことであったと云う。この様な民衆が住居と食糧の配分権を持つ相手に対して、言うがままに情報を提供し日本兵を誹謗する材料となる噂を提供するのは容易なことであった。日本軍が、自治委員会を作って、食糧の配分権をこれに独占させようとしたとき、外国人らはすさまじい抵抗を示した。それは市民にたいするヘゲモニーを失うことを懼れたからである。しかし日本軍は実力を背景にこれを強行した。その結果、彼等の住民に対する支配力はなくなり、噂の収集力がなくなった。中国人も既に生殺与奪の権を失ったアメリカ人の機嫌を取る必要がなくなったのである（南京にいたドイツ人のシャルヘンベルクもいう。他に頼る相手がいなくなった暁には、中国人は手のひらを返すように日本人と兄弟のような交わりをするのは目に見えていると）。二月になって、外国人は日本人の残虐行為は減少したと言うが、事実は、彼等の耳に入ってくる噂が減少しただけのことであって、実体上の変化は何もないのである。すなわち、彼等の喜びそうな噂を収集する能力が外国人たちから失われたのであって、「南京事件」などは元からなかったのである。これが「南京事件」の中国側の事情である。勿論、当時、漸く勃興しつつあった中国人の国民感情も、この間にあって働いたことは否めない。

日本側には「南京事件」を醸成するどのような事情があったであろうか。

日本軍は当初、トータルとして南京の市民生活を管理するつもりはなかった。

一　「特務機関」があって、市民に対しては宣撫工作を行なったが、それは日本軍の駐留に悪感情を抱かせないためであった。

二　このため松井大将は軍隊の駐留を出来るだけ城外で行ない、市民に迷惑の掛からないよう、部隊に要請した。しかしそれは市民生活全体をコントロールするためではなかった。

三　十二月九日の降伏勧告状も、唐生智防衛軍司令官に対してなされたものであって、市民への呼びかけは何もなされなかった。

四　松井大将は十二月十七日、入城式を行なって全軍を閲兵したが、それは南京の軍事的占領の記念式であって、市民への呼びかけは何らなされていない。入城式後大将はすぐ南京を離れている。

五　私の見た限りでは、日本軍の市民に対する一般的布告は『南京戦史資料集Ⅰ』四六八頁に「案」として示されているものが唯一であって、それは日本軍に対する反逆行為、間諜行為を厳罰に処するというものであった。

即ち敵国の首都南京を軍事的に制圧すれば、すべては解決されるという、軍人らしい考えであって、「戦争は政治の延長である」という総合的な考え方とは無縁であった。日本軍は前述のような欧米人という難敵が南京に待ちかまえているとは予想だにしなかった。日本軍は不用意であり、今と変わらず外交下手であった。日本軍は、「南京に一撃を加えさえすれば、日中間の問題は解決される」と軍人らしく単純に考えていた。そして不用意に南京を占領した。しかし単なる一撃では蔣介石を下すことは出来なかった。この間、外国人達は日本軍を誹謗する噂を中国人から集め、全世界に宣伝したのである。仮に日本軍が今すこし国際場裡で外交的に揉まれていたなら、この様な場面でもうすこし上手に立ち回ったであろう。しかし日本軍は身に覚えのない罪状をつきつけられたとき、何も抗弁せず、ただ黙殺し、国際委員会を抹殺しようとしたのである。

日本軍と国際委員会との抗争は、日本軍の完勝であった。①結局、委員会は二月解体となった。②日本軍は南京市民の間に一人の餓死者も出さなかった。③電気、水道も日本軍が復旧した。④鉄道、市内交通のバスも日本軍が復旧した。⑤これらのことについて委員会は大声で日本軍の無策をなじるばかりで、自らは何にもしなかった。

これらのことを自らの目で見た南京市民の人心は次第に委員会から離れ、もはや生活の基盤は委員会が握っているのではなく、日本軍が握っていることを実感し、国際委員会に協力する必要がなくなり、虚報を国際委員会に対して提供することはなくなった。これが南京事件の終焉であって、「南京事件」の実体がなくなったのではなく、国際委員会の噂の収集能力がなくなったのである。

しかし国際場裏における宣伝戦では、日本軍は完敗であった。いわば「バトル」（個々の戦闘）に勝って、「ウォー」（戦争全体）に負けたのである。そしてこの宣伝戦における完敗が戦後に大きな禍根を残したのである。

これが「南京事件」の真相である。一外国人の言った「南京には政治経済の実体はなく、日本軍の野営基地に過ぎない」という批評は耳に痛い（エスピー副領事の報告書）。

以下にデータに基いて、この間の事情を説明しよう。まず、安全地帯の設立とその消滅から始める。

第一章　南京の疎開

日本軍の南京攻略の噂が広まると、人々の南京からの疎開が始まった。「安全地帯設立」の説明に入る前に、その様子を見ておこう。この記事は次頁表の如く三十三件あり、『アメリカ編』『ラーベの日記』などに多い。

内容的には、役人や、警官、民間人の疎開を告げている。

「十一月十七日、政府の移転が始まり」、「十一月二十七日、市や警察当局が移転をほのめか

南京の疎開　「全外国文献」の記事の統計（4．1）

記事掲載文献	安全記録	アメリカ編	ヴォー日記	ラーベ日記	戦争とは何か	スマイス	海外報道	中国報道	中国著作	計
記事数	0	14	1	15	1	0	0	1	1	33
記事内容	役人脱出	警官脱出	市民脱出	諸施設	外人脱出	防空壕	その他			計
記事数	7	4	6	4	10	1	1			33

し」、「十二月三日、衛生部長、警察長官が脱出」、「十一月十七、十八日、荷物満載の車が夜昼なく街を出てゆき」、「十二月八日、市長が脱出、北門では混雑、出れるが入れない」、「銀行は十一月二十七日閉鎖、十二月八日、ビジネスは停止、商店は閉鎖、下関では戸毎に警官が退去を勧告」、「十二月十一日、警官数百人が下関へ逃亡、しかし市内は平穏、電話はまだ通じる」、「十一月二十五日、故宮の宝物を一万五千箱輸送」、「十二月八、十日、日本大使館は外国人に退去を要請」などである。

南京の疎開の「日本側文献の記事」は該当記事無しである。

第二章　安全地帯の設立と解消

この記事は九十七件ある。各文献に散在しており（次頁表）、内容的には（一七七頁表）「設立の事情」「その機能」や「地理的範囲」、委員会の標榜する「中立性」（軍事施設の撤去、中国軍の退去）は中国側のため守られなかったこと、これに対する委員長の不満、「日本側の対応」そして、「日本側との対立」から遂に消滅に至る経

安全地帯の記事　「全外国文献」（4．2）

記事掲載文献	安全記録	アメリカ篇	ヴォー日記	ラーベ日記	戦争とは何か	スマイス	海外報道	中国報道	中国著作	計
記事数	1	12	10	31	6	0	22	4	11	97

緯が記録されている。

「十一月十七日、ベイツ、ミルズ、スマイスがバック宅で安全地帯設立を協議し、残留外国人、宣教師らの賛同と防衛軍司令長官の認可を得て」「二十二日、中立地帯として難民を収容する安全地帯の設立を宣言」「三十日、日本側との交渉を考慮して、ドイツ人ラーベを委員長として」、「十二月一日夜記者会見で公表」した。「唐司令官、馬市長の賛助を受け、憲兵警察が戸毎に安全地帯移転を勧めて回り、唐司令官は十二月八日、軍の布告として非戦闘員の安全地帯集結を命じた」「しかし安全地帯は、石や鉄条網による特別な境界は持たず、旗と印で境界標識を設け、四百人の警官が守るだけであった」「安全地帯の目的は、難民の安全、住居、食糧の確保、と市役所業務の引継」と公表されたが、一九三八年四月、アメリカ人コーヴィルは「米、独、富裕な外国人の財産保護が目的。難民救済は名だけ。市長の関与も途中から取りやめとなり、地帯内に対空砲があり、中立性もない」と批判的な見方を洩らした。このように安全地帯の中立性は中国軍のために守られず、唐司令官は「軍事施設の撤去を約束はするが、その時期は中国軍が決めると通告し（十二月六日）」「中国軍は立ち退かず、安全地帯の中に隠れている（十二月五日）」、委員長ラーベは「中国軍の撤退の約束は守られない。あいつの首を絞めてやりたい」とイライラする。

安全地帯の記事「全外国文献」(4．2)

記事内容	設立事情	目的機能	地帯の範囲	その中立性	中国側の態度	日本側の対応	日本との対立	消滅	計
記事数	24	3	8	20	7	20	8	7	97

蔣介石はいち早く安全地帯を承認し、資金まで提供したが、中国地方紙や軍人の中には「中国軍は最後まで戦え。安全地帯があるとそこへ逃げ込んでしまう」と反対するものもあった。日本側は否定的な空気が強かったが、最終的には「中立性に疑問を抱きつつも、中国軍が使わないところは攻撃しないとして、安全地帯の爆撃砲撃を控えたので、非戦闘員たちは安全に過ごせたと感謝された」。

日本側は安全地帯の解消を図ったが中国側や外国側はこれを次のように報道する。「難民区への人口集中は獣兵(日本軍の蔑称)に不便なので、(即ち、人夫狩り、娘狩りに不便。敗残兵の武器隠匿に便利)その解消を図った」「民心が安定しないのは、安全地帯の存在のため」と日本軍は思い、「安全地帯は国際委員会の存立基盤なので、傀儡自治委員会は日本軍の意を受けてこれを解散しようとした」「日本軍の安全地帯解消作戦は、難民区での米の販売停止、元の住居へ帰還する人への米特別配給、傀儡警察の商店打ち壊しなどである」「二月四日を期して安全地帯の強制閉鎖を命令」「一月下旬以降人口の五分の二が自分の家に帰ったので、安全地帯と他の地区との区別がなくなった」「二月二十二日、安全地帯はもはや存在せず、南京国際救済委員会に吸収された」

日本側文献には四件の記事がある。「中山北路は廃墟だが、難民区は破壊を免れ、皇軍は無辜の民を安住せしめようとした(市内を見学した海軍大佐)」「一月十

国際委員会の記事　「全外国文献」(4．3．1)

記事掲載文献	安全記録	アメリカ篇	ヴォー日記	ラーベ日記	戦争とは何か	スマイス	海外報道	中国報道	中国著作	計
記事数	16	68	8	62	11	0	11	1	18	195
記事内容	設立事情	機能構成員	中国側の態度	日本側の対応	日本側と対立	消滅				計
記事数	7	89	8	13	61	17				195

日、安全地帯の解消を計画」「三月上旬ほぼ完了」とする。

第三章　国際委員会の成立と消滅

国際委員会は南京の市民生活において、重要な役割を演じたので文献上多くの記事がある。合計すると全部で百九十五の記事がある。その内容は上の如くであって、委員会の機能、構成員また日本側との対応、対立抗争に関するものが多い。

設立に関しては、「第二章安全地帯」で説明したとおりであって、十一月十九日、委員会が発足し、二十二日、委員長にラーベ氏を選び、二十九日十八時定例会で市長が国際委員会の発足を正式に発表した。本部は寧海路五号の張将軍の旧館で、居心地がよかった。「機能、構成員」「日本側の対応、対立、消滅」については後に述べるとして、「中国側の態度」としては、蔣介石はこれを歓迎し、委員会に十万ドルの寄付を申し入れ、委員会はこの内八万ドルを受領した。中国当局はさらに救済用として米を委員会に託した。

次に「機能、構成員」について述べると、その内訳は次のようで

国際委員会の機能、構成員（4．3．2）

機能構成員の内訳	全般	行政機能	難民救済	秩序維持	停戦提案	構成員	財政	本部	雑	計
記事数	33	7	16	5	2	10	6	2	8	89

ある。

まず委員会の構成員は次頁表の十五名であった。

ここで注意したいのは、この十五人が全部反日的な人であったことである。委員長ラーベは長いことシーメンス支店長として、シーメンス製品を中国に販売してきた人で、最近日本製品に押されて不快感を持っていた。彼は三十年中国で暮らし、中国との長年の取引から、中国に親近感を持つのは当然だと言い、自分がもし日本に三十年暮らしていたら、親日派となったであろうと率直に言っている。南京にいる外国人は一般にこのようなムードであったことは首肯しうるところで、委員会のメンバーではないが、ウィルソンは「十二月三十日、日本軍戦勝のニュースを見て、新聞を破りそうになった」と腹を立て、フォースターもメンバーではないが「一月三日、各地が日本軍の手に落ち、どうやら最悪の事態になりそう」という。さらに注目したいのは、この委員会は実質的にアメリカの宣教師に支配されていたことである。十一月十九日「委員会の主要メンバーはすべて宣教師（ラーベ）」、一月十日「初めは外国人も委員会で活躍していたが、それ以後は委員会はアメリカ人の宣教師の肩に掛かっていた（ベイツ）」、難民収容所二十五のうち十一は伝道用の施設で、収容難民の三分の二がそこにいた（ベイツ）」、二月四日「ラーベ委員長は米国人に手懐けられ、米国人の利害と、伝道団

国際委員会の名簿（4．3．3）

	氏　　名	役職	国　籍	所　　属
1	ジョン・H・D・ラーベ氏	委員長	ドイツ	シーメンス社
2	ルイス・S・C・スマイス博士	書　記	アメリカ	南京大学
3	P・H・モンローフォール氏		イギリス	アジア石油会社
4	ジョン・G・マギー師		アメリカ	アメリカ教会伝道団
5	P・H・シールズ氏		イギリス	国際輸出会社
6	J・M・ハンセン氏		デンマーク	テキサス石油会社
7	G・シュルツェパンティン氏		ドイツ	興明貿易公司
8	アイヴァー・マッケイ氏		イギリス	バターフィールド・アンド・スワイヤー
9	J・V・ピッカリング氏		アメリカ	スタンダード・バキュウム会社
10	エドワルド・スパーリング氏		ドイツ	上海保険
11	M・S・ベイツ博士		アメリカ	南京大学
12	W・P・ミルズ師		アメリカ	北部長老教会伝道団
13	J・リーン氏		イギリス	アジア石油会社
14	C・S・トリマー博士		アメリカ	大学病院
15	チャールズ・リッグズ氏		アメリカ	南京大学

の信者獲得に肩入れしていた」（シャルフェンベルク）という。委員会メンバーの中にも北部長老教会派のミルズ師が居るが、この北部長老教会について杉本幹夫氏はその著『「植民地朝鮮」の研究』（展転社、平成十四年）の中でこういっている。「当時のキリスト教特にアメリカ長老派教会は反日的で、三・一事件では天道教と共に、反政府ゲリラの主力となった教会であった。日本の朝鮮政策は彼らの口から、諸外国に悪意を持って伝えられた」（二六五頁）と（しかしその後の斉藤総督の懐柔

政策で両者の和解が成立した)。筆者の友人のカルメル教会の牧師は布教といっても人間の活動であるから、その能率や生産性を考えるのは当然という。当時の中国では民族主義の高まりから(三・一運動の頃の朝鮮と同じく)反日運動に肩を持つことが布教の近道であったと思われる。アメリカの牧師達が主導権を持った「国際委員会」が南京を舞台に三・一運動の頃と同じ態度を取って、その宣伝力で日本を悪者にしようとしても不思議はない(杉本氏によれば、中国では宋美齢の父が信者であったメソヂスト派が有力だった由)。

次は国際委員会の機能である。今言った隠れた機能である「キリスト教伝道」と「自己の財産保全」を別にすれば、委員会の機能は難民救済にあったと言える。十二月十日「人道主義的に、無辜の市民を救済(シカゴ・デイリー・ニュース)」、「資金調達、食糧、住居、医療、警察、輸送に尽力」、「委員会がなかったら、飢餓が起こり、虐殺はもっと大規模になっていただろう(ウィルソン)」、「我々委員会は難民に食と住を与え、日本軍と交渉して、強姦阻止に尽力した(ベイツ)」、「十二月十日、二十五の難民キャンプに七万人を収容した(サウスチャイナ・モーニングポスト)」、「五万人の難民に食糧を与え、虐殺から守った(アリソン)」、「二十四の収容所に五万人を受入れ、住居、食糧を供給した(エスピー報告)」、「極貧のうち、難民は飢え、住居はアンペラ小屋、衣類もなし、委員会はこれを収容所で救済(中国著作)」した。この活動に対しては、各方面から賞賛が寄せられた。「一月三十一日、委員会は難しい条件の下、賞賛すべき仕事を行なった(チャイナ・フォーラム)」、「ラーベは南京市長だ(ベルリンの新聞)」、「委員会は人類の正義を求めた（中国著作）」、「委員会の仕事は英雄的（ティンパーリ）」、「一月二十四日、委員会を中心とする二十二人の外国人の活動は、称賛に値する（エスピー）」などである。

委員会は前述のように南京市の行政機能も代行した。「十二月一日、委員会の行政機能は馬市長より渡された（安全記録）」、「十二月一日、馬市長は我々に安全地帯の行政責任を譲った（フィッチ）」、「十二月一日、馬市長は委員会に安全地帯管理の全責任を要請（中国新聞）」、「十二月十八日、委員会は市政府の機能を果たし、法と秩序を守る唯一の民政機関である（ダーディン）」、「一月二十四日、南京市長は逃亡するとき、市政府の権限を委員会に引き渡した（エスピー報告）」などである。しかしこの点に関しては、日本側は早くから、疑義を唱えた。十二月十二日、岡崎総領事は「委員会は法的地位を持たない」と言い、委員会はこれに最大級の不快感を表明して、「法的に」はさておき、事実上委員会の機能がなくなれば、南京市民は直ちに飢餓に陥り、暴動が発生する、と脅迫した。この前後から日本軍と委員会の間は急迫を告げていく。

一般的に、日本軍は委員会に特にその中立性に信頼を置いていなかった。

十一月二十四日、「ドイツ人ローゼンはラーベに日本側の委員会設立反対の空気を伝えた」。十二月十五日、武器をすてた敗残兵を捕虜として合法的に扱えとの委員会の要望を、日本軍は直ちに峻拒した。（しかるに十二月十四日、日本大使館は「軍部は南京で狼藉を働く事に決めているが、大使館員はこの緩和に努力する」と委員会に訳の分らない通告をし、委員会は「日本大使館は軍部と委員会の利害を和らげる努力をしたので、助かった（ベイツ）」と言っている）

日本軍が敗残兵掃討を始め、岡崎総領事が委員会の合法性への疑義を発表した後、委員会は恰かもこれに対抗するかのように日本軍兵士による暴行の多発を摘発非難した。これに「日本軍はまともな対応をせず（中国著作）」、「一月七日、私たちは日本軍の厄介者（フォースター）」、「一月十日、国際委員会と傀儡自治委員会が終始対立した原因は、委員会が自治会の搾取を妨害したため（中国著作）」と記録はいう。

一月一日、自治委員会の発足を契機に、日本側は国際委員会の事業の一つの柱である米の販売権を取り上げ、これを自治委員会に行なわせることとした。これに伴い必要となる運転資金に充当するため国際委員会の保有する資産（これまでの米の販売代金）の引き渡しを国際委員会に求めると、国際委員会はこれを全面的に拒否し「自治委員会には何一つ渡さない。粘れるだけ粘る（ラーベ）」としていた。その一方でラーベは「国際委員会の解散、救済委員会への改組という国際委員会への私の提案は、米国人により否決され（一月十二、十三、二十三、二十九日）」遂に日本側と委員会は全面的に衝突することとなった。委員会は日本軍に対する直接攻撃に加えて、一月初旬に南京に入るのを許された各国大使館にたいして、自分達の人道的救済措置を日本軍が妨害するとの悪宣伝を行なった。ラーベは一月三十一日に、「果てしなき日本軍との戦いに挫けてしまいそう」と嘆き、攻守は所を変えて、天谷支隊長は「外国人の存在が南京での困難な問題を引き起こす元凶である」との声明を発表した。これにたいして米国大使館は本国国務長官にたいして「天谷声明は本来保護すべき外国人に対する恫喝である。日本政府に注意を促すべきである」

と打電した。かつて日本側が委員会の合法性に疑問を提出したとき、そんなことをすれば直ちに市民の暴動が起こると国際委員会の方が恫喝したことはすっかり忘れているのである。

もはや実力のない委員会が種々工作したにも拘わらず、市民の人心は委員会を離れ、市民は日本側の要請にしたがって、どんどん元の住居に帰還してゆき、安全地帯は有名無実の存在となってしまった。二月十四日「市民の自宅帰還により、委員会は（安全地帯での行政機能の行使はなくなり）、純粋に私的な救済組織として活動することとなった（ベイツ）」、そして二月十八日、「委員会は名称を現在の機能にあわせて『南京国際救済委員会』とした」、「三月三十一日、現在国際委員会は有名無実で瓦解した。この有益な仕事を消滅させた日本ファシズムは人間性喪失の悪鬼なり。消滅さるべし」と中国著作はいう。

しかし四月二十四日、南京を訪問しこれを冷静な目で見たアメリカ人コーヴィルは、「安全区を無視する権限を日本軍は持っており、また委員会の提案は無視されても仕方がない恥ずべきものであった」という。

国際委員会に関する日本側の文献の記事

七件あるが、委員会に対する厳しい見方を告げている。要約すると次のようである。

国際委員会は難民区に難民を収容し、生活品を一手に配給している。米を一俵九元で販売したが、自治委員会が米の配給をするようになっても、その代金を引き継がない。表面上は慈善事業を装いながら、自己の利益追求に、汲々としている。不逞分子を益しているので、最近その庇護のもとにある潜伏中の敗残兵を次々と逮捕した。我が方の活動を監視し、害意ある宣伝をなす。このように委員会は有害無益なので、救済事業は自治委員会の仕事となし、その活動を押えた。以上は特務機関の報告である。軍はこれに基づき国際委員会の閉鎖にまで持っていった。

第四章　外国人の動静

外国人の動静に関する記事も（データを外国文献から取ったので）百五十八件と多い。しかし個々の外国人の動静は余り重要でないので、ここには簡単に紹介する。記事は次の文献に見られ、次のように分類される。（次頁表）

九月二十一日「アメリカ人、ドイツ人の多くは南京を去った（ラーベ）」、十一月二十二日「ドイツ大使館はがら空きとなる（ラーベ）」、「十二月六日、アメリカ人の半分がアメリカ軍艦に移り、八日、明日城門が閉じられるので残った米人も船に乗る（ラーベ）」、八日「米国大使館はパナイ号に事務所を移す（ヴォートリン）」、九日「日本大使館は南京在留外国人に避難命令（ダーディン記者）」、十五日「残留記者達も日本海軍の好意で駆逐艦で上海へ（ベイツ）」。

十二月十三日、「南京に残留した外国人は二十七人、米人十八人、独人六、英人一、魯人二（ダーディン記者）」、二十四日マギーも同じ事を言う。しかし十六日「在留外人二十二人のリストを日本当局に提出（アメリカ編）」した。二十四日「外国人達は皆無事（フォースター）」で、「難

外国人に関する記事　「全外国文献」（4．4）

記事掲載文献	安全記録	アメリカ篇	ヴォー日記	ラーベ日記	戦争とは何か	スマイス	海外報道	中国報道	中国著作	計
記事数	1	22	15	59	25	0	22	5	9	158
記事内容	外人南京脱出	残留外国人	外人の自由	新入城外国人	日本と対立	ラーベ帰国	外国人の被害	雑		計
記事数	17	38	32	15	19	11	16	10		158

民救済に大きな働きをし（中国著作）」、「中国人と日本軍の間に立った（ラーベ）」、「ヴォートリンは特に体を張って難民女子を守ったので生き仏とされた（中国著作）」。しかし日本軍により、十二月十九日「外国人の南京への出入は制限され（アベンド記者）」、二十四日「我々はここでは捕虜同然（マギー）」、一月九日「外国人の南京を離れる許可は、何時貰えるか分らない（マッカラム）」、「我々はまったく孤立状態にある（ベイツ）」、一月二十六日「日本軍は南京の出入りを禁止し、南京の実態を世界に知らせまいとしている（ラーベ）」、二月十八日「外国人に対する行動制限も（やっと）緩和された。（アリソン）」という。

一月六日「アメリカ外交団三人（アリソン、エスピー、マクファディエン）が南京に戻った（ウィルソン）」、八日「ローゼン、ヒュルター、シャルフェンベルクのドイツ外交官三人が、明日、英国大使館の二人と一緒に南京に来る（ラーベ）」。

「日本軍にとって、残留外国人は快く思われていない。彼等は目撃者を好まないのだ（マギー）」（筆者註　不思議な言い分である。虐殺の目撃者はゼロであり、とくにマギーは見ていないと東京裁判で証言していることを想起されたい）。「日本軍は我々を止めておくよりは、引き上げさせる方を怖れているように見受けられる（ラーベ）」、「日本軍の将兵はアメリカ人に友好的だが、ロシヤ人とイギリス人には気をつけろと言う（ヴォートリン）」、二月五日天谷少将は「中国人を日本軍に抵抗させたのは外国人だ。これがなければ日中関係はうまくいった、日本は中国との関係について、第三国に干渉されたくない」と言明した（ローゼン報告）。

ラーベは二月二十三日英国海軍の砲艦ビー号で南京を離れた。

十二月二十七日「南京にある何百という外国人資産の殆どが日本軍の掠奪の被害にあった（マギー）」というので、日本軍は調査して補償するとの意思を示した。

米国大使館員アリソンが侵入する権利のない中国人住宅に日本軍歩哨の制止をきかず侵入しようとしたので、歩哨がビンタを食らわすという事件が、一月二十六日に起こった。

外国人に関する「日本側文献」の記事は、五件あるが、日本軍兵士はドイツ人に対して特に悪感情を持っている。これには言葉の問題が相当影響している、との記事がある。

第五章　自治委員会

日本軍は南京が欧米依存の風潮に流れ、日本の占領政策が浸透しないので、中国人達に自治委員会を作らせて、国際委員会に代わって、南京の行政に当らせようとした。まず外国人たちがこ

自治委員会に関する「全外国文献」の記事の統計（4．5）

記事掲載文献	安全記録	アメリカ篇	ヴォー日記	ラーベ日記	戦争とは何か	スマイス	海外報道	中国報道	中国著作	計
記事数	5	3	2	19	2	0	0	1	14	46
記事内容	設立経緯	事業内容	委員会へ影響	委員会の態度	中国人の見解	雑				計
記事数	14	11	9	3	5	4				46

の自治委員会をどう見たかを見てみよう。

ここで、筆者の心に残った次の言葉をまず紹介したい。日本側が占領初期に、「国際委員会は法的根拠を持っていない」ことを指摘したとき、委員長ラーベはこれを認め、別の行政組織を日本側が作ることを認めるのであるが、その際、「現在南京に残っている中国人達には、訓練された知的な活動的な人々はおらず、日本が把握したのは、物的な機構と、住民のうちの貧困層だけであるから、日本はできるだけ早く都市行政の専門家を南京に連れてくるべきだ」と言っているのである。筆者はここに、外国人達の南京およびその市民に対する基本的な態度を見ることができると思う。彼等は残留市民を無知な大衆とのみ捉え、その救済活動は決して人類的な愛から出発したというよりは、「救済」の名を求めたものであることを、この言葉は暴露しているのである。日本軍はこの事を察知して、かれらの活動を「救済の名を標榜しながら自己の利益に汲々」と評しているのである。したがって彼等は、表面は自治委員会と協同すると称しながら、内実はあくまでこれに対抗し、あくまでも南京行政におけるヘゲモニーを握ろうとした。自治委員会に関する外国文献の記事は前頁表のようである。

「外国文献」上は、自治委員会設立の動きは十二月二十二日に現われ、設立準備を進め、三十八年一月一日、鼓楼で設立大会を行なった。「総務、救済、財務、工商の班があり、南京を五つの地区に分けて管理（中国著作）」するが、「これは我々に取って代わろうとするもので、どうも金目当てらしい（ラーベ十二月三十日）」、一月六日「軍当局の決議として、安全区委員会を解散して、その資産と仕事を自治委員会に引き渡せ、と福田氏は言うが、国際委員会はこれを承認せず（ラーベ）」、「国際委員会は自治委員会に協力、軍の要請に応えて、一月十日米の販売店を閉鎖した（ラーベ）」「しかし資金は渡さない（ラーベ）」、中国人は全面的な反感を示し「自治委員会の会長、副会長は漢奸であり、労働者の徴収、婦女の調達などを任務としている（中国報道）」などの記録がある。

日本側文献には十二件の記事がある。十二月十五日、松井大将は既に自治を南京に導入したいとの意向を洩したが、人民なお日本軍を恐怖し、無理と判断した。十二月二十三日、自治委員会設立準備委員会が発足し、一月一日「欧米依存の風潮を排し、難民二十万を国際委員会より接収する」という。しかし二月七日、なお自治委員会の顔ぶれは貧弱で財源なく施設も貧弱という。その業務は、対難民問題、死体処理、清掃、衛生、難民救済などとなった。

第六章　難民

難民に関する記事は大変多く、筆者が抽出したものだけでも三百七件あり、各文献に散在している。これを内容的に分類すると次に示したようになる。（次頁表参照）

イ　疎開組と残留組　日本軍の南京進撃に伴い、南京市民は疎開組と残留組に分かれた。荷物を纏めて疎開する資力のある人は疎開し、貧乏でその資力のないものは南京に残留した。残留組は貧しい階級の人たちで、「訓練され知的で活動的な人達は西方へ移動した（ラーベ）」ことは既述した。

ロ　城外からの避難民　清野作戦で焼け出された人達も城内へ避難した。数万に上るという。三十万人の虐殺の廉で処刑された谷師団長の担当地区であった城南方面は特にひどく「南門近くの人口密集地区から小都市一つくらいの地区が燃やされ住民が追い立てられて、安全地帯に送り込まれた（ダーディン記者）」。

ハ　安全地帯への難民の集中　何百という家族が安全地帯へ集まり、暗くなり、泊まるところもなく、女や子供が泣きながら腰掛けている。安全地帯の大通りは大きな包み（鍋、衣服、布団包みなど）を持った難民で溢れている。二十五万の人は城内区域の八分の一しかない狭い場所で異様な生活をしている。

難民「全外国文献」の記事の統計（4．6）

記事掲載文献	安全記録	アメリカ篇	ヴォー日記	ラーベ日記	戦争とは何か	スマイス	海外報道	中国報道	中国報道	計
記事数	17	39	95	70	26	1	9	10	40	307
記事内容	疎開組残留組	城外から	安全地帯集中	難民収容所					難民の生活	良民登録
				ラーベ邸	金陵女子大学	南京大学	その他収容所	収容所全般		
記事数	9	8	18	16	41	6	7	13	49	46
記事内容	良民再登録	元の住居帰還促進	帰還強制	その後の入城者	その他					計
記事数	3	24	48	11	8					307

ニ　難民収容所

①ラーベ邸収容所　五百平方米のラーベ邸は「十二月三十一日難民で溢れた。六百五十人（うち女性三百人）」という。畳半畳に一人である。日本兵が侵入して女性を犯したと言うが、そのためには、人々に頼んでまずそのための場所を明けて貰わなければなるまい。

②金陵女子大学　ヴォートリンが校長代理をしていたところである。「三棟の建物に二千七百五十人収容できると思っていたが、十二月十五日三千人以上、十六日約四千人、十八日五千人、二十日六千人、二十八日一万人となった。すべて女性である。彼女たちは日本兵の暴行を怖れて怯えた目で入所を求めた」という。入所希望者は多く、日本軍の暴行を訴えるのが入所の近道であったのであろう。この構内の強姦は少なく、既述の如く、全期間を通じて十件しかなく、そのうちヴォートリンが目撃したの

は一件であった。逆に、日本軍が売春所で働く人を募集したところ、希望者が多かったので、ヴォートリンは唖然とした。日本軍の難民の元の住所への帰還作戦により一月中旬以降、減少し、「二月十一日には三千人となった」

③南京大学　十二月十八日一万七千人、一月十日約三万人の難民がいた。

④全難民収容所　十二月二十一日、二十五の収容所の難民は三万五千から七万七千に増えた。

ホ　難民の生活　難民は身の安全のために、家には日の丸を掲げ、腕には日の丸の旗をはめた（十二月十五日）。近頃通りに通行人を見かけるようになった（二十二日）。中国軍の南京再突入の噂あり、日の丸の旗は破られ、日本軍は委員会に命乞いをしたとのデマが流れたが、嘘であった（二十五日）。安全区本部には、仕事もないのに怠け者が沢山いる（二十七日）。難民は粗末な小屋にひしめき合っている、今日は雪で悲惨だ（二十九日）。無料米をほしがる人、夜具をほしがる人が大勢いる（一月十二日）。若い人は一人もいないし、正常な活動は行なわれていない（二月二十三日）。「私はクーリーが我が子のために敵国のために働くのを非難することはできない（ベイツ）」。「私は少女達が飢餓のために何でもやることを非難することを止めた、大規模な公認売春宿が誕生した（ベイツ）」。「南京脱出の道はないわけではないが、途中には中国人の掠奪の危険がある（中国著作）」。

へ　良民登録　日本軍の査問委員会による良民登録が十二月二十四日から始まった。登録すると、男は強制労働か処刑、女は売春宿との噂が広まった。極めて非能率なやり方で、一月四日やっと終わった。三月初旬再登録を行なった。

ト　市民の元の住居への帰還促進　日本軍は塀に張り紙をして、自分の住居へ帰れと言っているが、難民達は帰りたがらない。連行、強姦などの暴行が待ちかまえているからだとする。日本軍は帰宅する人には奨励米を出すと言うが効果は上がらないという。一月二十二日難民の九十％はまだ安全地帯に止まっていた。

チ　帰還強行作戦　帰還作戦の実効がなかなか上がらないので、特務機関は自治委員会と協同して、強行策を講ずることとした。二月四日を期して、安全地帯内のすべての収容所と露天商の閉鎖を命じたのである。国際委員会や市民の猛反対があったので、その強行は取りやめとなったが、強硬姿勢は変わらず、帰宅市民に特別な米の配給をするなどの奨励策を講じ、市民も情勢を理解して、徐々に帰宅を開始し、二月八日、難民十万人が帰宅し、帰宅作戦は進んだ。

リ　その後の難民入城　十二月末下関の難民二万が城内にはいることを望んだが、安全区は満員、日本軍も認めなかった。三月になり、近郊農村から女子の城内への避難が続いた。近郊地区で匪賊の暴行があったからである。四月になると近郊農村から南京疎開者の婦女子が大勢帰ってきた。

国際委員会は難民の住居の配分権と食糧の配給権を握って南京市民の人心を把握した。まず住居について見てみよう。

難民の住居「全外国文献」の記事の統計（4．7）

記事掲載文献	安全記録	アメリカ篇	ヴォー日記	ラーベ日記	戦争とは何か	スマイス	海外報道	中国報道	中国著作	計
記事数	2	3	2	15	1					23

第七章　難民の住居

文献には二十三件の記事がある。（上表）

この記事の内容を摘記すれば次のようである。①難民は貧しい人が多いが、比較的資力のある人は寝具、食料持参で安全地帯内の友人宅へ、次に貧しい人たちは空き家を、極貧の「老百姓」には米国の学校等の建物を開放して収容したが、なお筵の掘っ建て小屋のもの、野宿のものも大勢いた。難民収容所に入った人は六万五千人（十二月十日）だった。②その後日本軍の破壊、放火は甚だしく、三分の一の家は焼失し、二十五万難民の大部分は家がないと委員会は言う。しかし帰還難民で家に困った話は出てこない。③三月になって、収容所に入るには委員会本部の許可が必要となったが、従来は収容人員が多かったので、各収容所に責任者が居て、その人達が入所許可の事務をやっていたものであろう。

日本側の文献には住宅問題について該当記事が見あたらない。しかし、日本軍は委員会がこの住居配分を通じて南京難民の人心を把握しているのを覆すために、収容所の閉鎖、難民の元の住居へ帰還運動をし、安全地帯の解消に乗り出したのである。それは次の食糧配分についても同様であった。

第八章　食糧問題

　これは大きな問題となったので、記事も多い。次頁に示すように百九十七件あり、その内容も表の如くであった。

イ　国際委員会は市民に呼びかけて、安全地帯に来るときには最低二週間分の食糧を持参するよう要請した。多くの市民はこれに従い、かつ資力のある者は自分で住居問題を解決した。縁故を頼り、または家賃を払って手当てした。ために安全地帯での家賃は急騰した。

　多くの市民は食料持参で安全地帯に入っていったが、極貧の者は食糧も手持ちせず、住居の手当も自分ではできなかった。委員会はこれらの難民を、難民収容所に収容し、粥場（無料給食所）を開いて無料で食事をあたえた。紅卍字会と紅十字会（赤十字社）がこれに当たったが、二十五の収容所全部で粥場を開くことはできず、給食人数もかぎられ、給食できない人のためには無料で米を与えた。収容所の六万五千人をこの二つの方法で養った（無料米で生活した人は五万人だという）。この米は馬南京市長から資金二万ドルとともに米三万袋、小麦二万袋が託されたものである。しかしこの食糧は城外にあり、これを輸送するトラックはあらかた中国軍が使ってしまったので全部は城内に搬入できず、搬入できたのは米一万袋と小麦粉千袋だけであった。無料米の支給の他、委員会は本部の脇で一袋九元で有料販売も行ない、これによって十万元の資金を

食糧問題 「全外国文献」の記事の統計（4．8）

記事掲載文献	安全記録	アメリカ篇	ヴォー日記	ラーベ日記	戦争とは何か	スマイス	海外報	中国報	中国著作	計
記事数	43	50	27	42	8	0	10	8	9	197
記事内容	委員会の食糧手当て	手当て食糧の搬送	食糧面での難民救済	日本軍の態度	食糧難迫る	食糧難は日本軍次第	食糧を巡る対立	委員会の食糧入手	その他	計
記事数	15	13	32	13	14	6	62	37	5	197

得たが、自治委員会が食糧問題を取り扱うようになった時、この運転資金の引き渡しを求めると、国際委員会はこれを拒絶した。（中国著作は「日本軍は多量の軍用米、小麦粉を押収し、これを高値で難民に売りつけ、日本紙幣で取り引きさせ、為替レートでも儲けた」と書いてあるが、実情は次の通りであった）

ロ　日本軍は当初、委員会に米の一万袋の引き渡しとその処分を認めたが、後に委員会の食糧配給権の行使を制限し、それ以上の食糧引き渡しを認めなかった。委員会は処分できる食糧に不足し、十二月末頃より、これを一般的な食糧危機のように喧伝している。

ハ　自治委員会が一月一日発足すると、日本側は国際委員会に安全地帯の中での米の販売を停止させ（一月八日通告、十一日より施行）、自治委員会に安全地帯の中と安全地帯外の南市の二ケ所で販売所を開かせた。以後日本側は国際委員会の食糧取り扱いに厳しい態度を取り、救済のための粥場などの経営は認めたが、それ以外の食糧販売を認めず、国際委員会が上海で入手した食糧の南京への搬入に条件を付け、一旦自治委員会の手を通すことを条件にしたりした。また国際委員会が市当局から託された米の残余についても国際委員会に引き渡さなかった。この上海からの食糧搬入や、残余の米の引き渡しについて、国際委員会と軍との間に熾烈な確執が展開され、国際委員会は各国大使にまでこの問題での肩入れを頼んだりして、日本軍は横暴との印象を流布させている。国際委員会が日本軍は食糧問題で難民達を苦しめ、飢餓が迫っているようなことを言い触らすが、四月になって、事情を調べたコーヴィルは「一月六日より食糧事情は改善。農民が米を露店で売りだした」と言っている。日本側文献によれば「軍も敵軍米を放出し、適宜な措置を講じている」このようにして国際委員会は遂に食糧問題ではなく、その周辺で、たとえば豆腐による蛋白質の補給というようなことを議論するだけになった。

食糧問題についての日本側文献には五件記事がある。特務機関報告は言う。「一月一日軍占領の米を、自治委員会に無料で放出、困窮者に無料交付し、また売却もやった」。「一月十五日より二月まで、米一万千二百俵、麵粉二千俵、塩三千六百七十俵（無料救済用を含む）を放出した」などである。

以上詳細に説明した如く、難民収容所に入所できた者は、屋根のある建物の中で、無料の食糧にありつけた。難民たちは競って収容所への入所を希望したのである。彼らは日本軍の暴行に怯えて入所を求めたのではない。然るに収容所を管理する外国人たちに日本人に対する偏見があったため、収容所の入所には、日本軍の暴行から逃れるためとの説明が最も有効となった。このため難民達はこの事をフルに利用して、日本軍の悪事を捏造し申し立てたのである。このため巻頭に示したように、日本軍が悪事を働いたという場所は収容所近く（破線の輪で囲んだ所）に集中しているのであると溝口氏も指摘している（『日本「南京」学会会報』第四号）。中国人が住んでいたその他の安全地帯の所では、殆ど日本軍の暴行が発生していないのである。「南京事件」が作られた事件である事の証拠がここにもあると思われる。

第九章　医療問題

南京の医療については外国人の貢献するところが大きかった。外国文献には七十三件の記事が次頁表の如くあるが、いずれもそのことを述べている。

日本軍が南京に近づくにつれ、薬局は閉店し、医師は疎開して、十二日「病院六つのうち、二つは院長一人となり、職員も霧散した」、「ウィルソンは南京で只一人の外科医となり」、「大学病院が（一般病院としては）唯一のものとなった」。大学病院は安全地帯にあったので、負傷兵は収容できず五十人を退院させたため、七日「患者は、重傷の負傷兵十二人と、民間人四十人となった」。大学病院以外のものは野戦病院だが、十三日「日本軍は大学病院での中国兵の治療を禁じ、軍政部、鉄道部、国防部などの野戦病院を閉鎖し、外交部に負傷兵を集合させた」。野戦病院では、十三日砲撃の激しさに、医師も看護婦も逃げ出していた。

十四日大学病院の患者は百人を超え、十五日「大学病院の入院患者は百五十人となり、うち

医療問題　「全外国文献」の記事の統計（4．9）

記事掲載文献	安全記録	アメリカ篇	ヴォー日記	ラーベ日記	戦争とは何か	スマイス	海外報道	中国報道	中国著作	計
記事数	4	18	6	28	2	0	6	3	6	73

百四十人は外科で」、二十四日には「ウィルソンの病院（大学病院）の患者は二百四十人で、その三分の二は日本軍の暴行によるもの」であった。（筆者註　このように言えば入院が容易にできたのであろう）

十二月十三日、国際赤十字協会が設立され、マギーが会長、ラーベが役員となり、軍の病院向けに五万ドルが支給された。

医療は大学病院がやった。ただ、現在南京には医者が二人しかおらず、恐慌を来《きた》していたが、医師と看護婦の「南京への移入は認められず、（二月十八日）やっと医者一人が許可された（ベイツ）」。残留外国人は医療で活躍しており、国際委員会は医療で大学病院と協力して、手術料などを代払いしたりした。医療スタッフは脚気予防のための緑豆の上海からの移入、七千五百八十二人へのワクチン接種等もやり、大学病院が存続できたのは十四人の米国人と五人のドイツ人からなる安全地帯委員会の賜である（海外報道）。自治委員会が独自の医療機関を作る可能性はなかった（ベイツ）。

医療問題に関する日本側文献には、三件の記事があるが、特段の記事はなく、特務機関報告も「医療は委員会に頼った」と言っている。

第十章　市民生活

難民の住居、食糧、医療など、生活の基本になる問題をこれまで述べた。これらは国際委員会を通じて、南京に残留していた外国人が、ヘゲモニーを握っていて、日本軍の占領施策はやりにくかった。一般の市民生活においても同様であって、特に公共施設である電気、水道、郵便電話、都市交通、商店活動などは回復せず、外国人達はこれを日本軍の責任に帰した。しかし外国人達は日本軍の無策をなじるばかりで、自分ではなにもしなかった。後述の如く日本側の方が実効ある仕事をやって来た。市民生活に関する外国文献の記事は多く、次頁表の如く、二百七十六件におよび、特に公共施設に関するものが多い。以下に要点を簡記する。南京の水道は、揚子江から引いた水を清涼山でポンプアップして全市に供給していたので、水道供給は電気の供給と運命をともにした。電気、水道は十二月八日より怪しくなり、十日完全に止まり、水洗便所は悪臭を放ち、電話、電信も駄目になった。飲料水は三千あるという池の水に頼ることとなったが、池は死体で汚染されていたという。復旧が遅れたのは日本軍が技術者を殺したためとか、或いは作業員が日本軍を怖れたりしたためと中傷する。十二月末、ラジオが聴けるようになり、一月三日頃より電気、水道に復活の兆しが見え、二十四日、市内の殆どで両方とも復旧した（エスピー報告）。しかし三月十一日、電灯は午後八時三十分に消え（ヴォートリ

市民生活　「全外国文献」の記事の統計（4．10）

記事掲載文献	安全記録	アメリカ篇	ヴォー日記	ラーベ日記	戦争とは何か	スマイス	海外報道	中国報道	中国著作	計
記事数	9	58	72	56	16	0	8	6	51	276
記事内容	電気水道	郵便通信	交通	商店	経済雇用	娯楽	宗教	清掃	日本軍の評判	市内の活気
記事数	58	64	30	40	12	2	5	10	5	6
記事内容	通貨	その他								計
記事数	6	38								276

ン）、完全回復は三月月末となった。

郵便については李郵便局長が十一月二十八日、閉鎖を宣言し、十二月七日、配達業務を停止、九日受付も停止した。それ以後は日本大使館を通じてしか外部との連絡はできなくなった。電報、電話、無線は公用独占となった（十二月十二日）。一月六日、外交団が南京入城を許されたので、以後はこのルートで外部との連絡ができるようになった。電話の復旧は望めず、米国大使館の無線だけは送信できた（一月二十日）。李前郵便局長が戻り、郵便業務再開を計画し、三月末再開された。

鉄道は一時使えなくなったが、十二月二十七日動いたという噂があり、二十九日軍用物資輸送は再開されたという（ヴォートリン）。南京上海間鉄道は一月十三日軍用が再開された（『中国著作』と『アメリカ篇』五二九頁）。『南京戦史』は十二月二十二日開通という（二七頁）。

揚子江の船は十二月中旬以来航行できた。

市内交通はバスと人力車だが、いずれも壊滅。二月十四日、久しぶりに人力車二台が現われ、二十一日百台が登録された。

入城以来、日本軍は城門の出入を禁じたので人の往来は途絶えた（郭岐）。北門、中山門は開いていたが、城外へ出てゆくものは、すべて検査が必要だった（十二月十九日中国著作）。南京には、誰も入ってこれない。一旦出ると戻れない（マッカラム）。

安全地帯には露天商、行商人が店を出し、人で雑踏、人の海だ（十二月三十日ヴォートリン、一月二日ラーベ）。しかし市内はどの商店も掠奪されて寂れ、焼かれている、という。城内には国際委員会の米穀店以外には一軒も商店がない。できるのは日本人の店ばかりだが（ヴォートリン）、中国人には必要品も売ってくれず、阿片窟、妓楼が多い。安全地帯の露店も二月四日以降は撤去されるとの指示が出た。

経済の見通しは暗く、生産は皆無で、消費あるのみである。市民は金を稼ぐ道がなく、日本軍隊に徴用されたものが僅かに報酬を得た。農地すら日本軍の掠奪を怖れて耕作しようとしない。しかるに二月より人力車税等税金を取るという。

日本軍は市内の清掃に人が必要として、委員会の協力を求め、十二月十七日より片付け始めた。中山路はゴミの大通りだ。汚物、軍服、銃などである（筆者註　死体が書かれていない）。ヴォートリンの女子大キャンパスは穴を掘って、汚物を処理しているが、消毒の石灰石が手に入らない。壕は屎尿で一杯である。難民区中に糞便が満ち、臭気が充満している。

敵はヘロイン販売を公認し、我が民族を破滅させようとしている。阿片販売も日本軍入城以

市民生活　「日本側文献」の記事の統計（4．10）

記事内容	電気水道	郵便通信	交通	商店	通貨	経済雇用	清掃	市内の活気	その他	計
記事数	7	4	4	9	1	7	2	1	5	40

来、急速に広まった、という。

二月一日、二つの小学校が開校した（中国著作）。

市民生活に関する日本側文献の記事は比較的多く、上に示したように四十件ある。

電気水道は軍の不眠の努力の結果、十六師団、特務機関も関与、中国人技術者、東京から招致した水道技術者も含め、十二月二十二日より修理に着手して、一月一日に完成した。現在は軍関係が使っているが、逐次一般に及ぼす（一月一日）。三月十五日興中公司に経営委託を予定したが、公司の準備不足で延期した。電信電話は上海よりの専門技術者で近く再建予定である（二月二十八日）。三月二十五日南京にて郵便事業開始、電信は四月上旬事務開始を予定した。電話の復旧は困難多し。ラジオは悪宣伝に利用されたので、有名放送局は一括経営の予定とした。南京までの鉄道は十二月二十二日開通のこととなった。鉄道部隊の努力により、他の二線も開通。バスは興中公司が二台で三月中旬営業開始、いつも満員なり。三月九日上海より回送したバスである。

十二月十五日、安全地帯では道路に早くも店が張られ、食料品が主で、散髪、立ち食いなど、人の鈴なりである。難民が帰還した元住居地区はいずれも主要道路に、小売店が軒を並べ、繁盛している。各区とも小売店市場は殷賑を極めつつあり、三月七日総商会準備会が発足し、次いで設立となった。三月末現在、営業開始七百四十七件となった。これより先、一月十五日食料品中心の中央卸売市場が開業し、難民たちが日本商品を要望するので、日本商店十三店で中国人に軍票で日用品の販売を許可した。

難民授産に努力す。自治委員会に清掃隊を結成さす。その出動は一月百名、二月百五十名。三月三百名であった。

小学校の開設準備をしたが、各区とも費用の捻出に苦慮した。

第十一章　治安問題

残留外国人達の南京の治安に関する記録は、次頁表のように八十三件ある。これらはいずれも日本兵の不法行為の取り締まりを要求するものであり、南京の治安維持はこれを置いて他に問題はないような口振りである。しかしこれは偏向した見方である、と思う。南京の市民は安全地帯に集中していて、その数は二十五万人であった。しかるに日本軍の安全地帯の担当人員は多い時で千八百人位であり、十二月二十四日からは千人くらいであり、一月よりゼロとなった。人口二十六万の新宿区を担当する新宿警察署の警察官は約七百人である。我々は普段新宿を歩いていて警官を見かけることはない。そして新宿区での犯罪は年間九千件近くも市民によって起こされているのである。治安のよい日本ですらこのような状態であるから、南京で一般

治安　「全外国文献」の記事の統計（4．11）

記事掲載文献	安全記録	アメリカ篇	ヴォー日記	ラーベ日記	戦争とは何か	スマイス	海外報道	中国報道	中国著作	計
記事数	8	18	24	17	3	0	7	0	6	83

市民による犯罪がないことはあり得ないことであり、そのための治安維持の方が重大なはずである。外国人達が「南京の治安維持問題は、日本軍兵士を日本軍が良く統御しさえすれば解決する」と言うのは偏った考えであると思う。しかしここでは彼等の言うことを聞いてみよう。

当初国際委員会はピストル携行の警官が市内を警備することを求めたが、日本側は警棒所持を認めるに止めた（十二月十四日）。しかし夜、昼、日本軍兵士の暴行があるので収容所と大学病院、五台山食堂等にも歩哨、衛兵の配置を求めた。また兵士を取り締まる憲兵の増員を求めた（十二月二十二日より憲兵が駐在）。しかし衛兵も憲兵も職務に忠実でなく、一般兵士の悪行を見逃し、または自らそれをやると言って非難した。

ただヴォートリンだけは金陵女子大学に配置された衛兵を、勤務振り、人柄ともに良好と感謝している（筆者の見るところではヴォートリンはいろいろなところで公正な意見を述べているようである）。

一月末頃より、南京の掠奪、強姦、無秩序は顕著に改善され、訴えは直ちに採り上げられ、有罪なら刑罰が言い渡されるようになったという（アーベント記者）。

中国軍が南京に反攻との噂は市民に反日の騒動を巻き起こした。しかし噂に過ぎないことが分り、騒動関係者が日本側により処刑された（ラーベ）。

日本側文献には六件の記事がある。自治委員会の設置に伴い、治安維持と抗日分子鎮圧のため警察庁を設置し、人員百六十名、消防隊三十名も合せ設置した（一月十日）。二月末までに約五百名を検挙した、などである。

第四篇のまとめ

日本軍が南京で市民に対する残虐事件を行なったと世界に対して宣伝した最初の本は『戦争とは何か』という本である。この本は、マンチェスター・ガーディアン紙の中国特派員で中国国民党中央宣伝部の「顧問」であったティンパーリが編纂したものである。彼はその時上海にいたので、南京のことは自分で見聞していない。そこでこの本の内容はベイツという南京大学の教授で、国際委員会の実力者で且つ中華民国政府の「顧問」であった者と相談して決めた。そのため本の発行前に、三十八年一月から三月にかけて、二人は南京、上海間で書簡を交わして意見交換をしている。その中の三月三日付のベイツからティンパーリ宛の手紙の中でベイツは、いわゆる「南京事件」が南京に特有な事件で、ベイツたち外国人がいたために起こったものであるという見解の発生を防ぐために、次のように言っている。

「ずっと行なわれてきた戦争における野蛮な行為を、戦場から隔たっている公衆に知って貰うためには、一つの街についてよりももっと広範な地域にわたって述べた方が効果がある。遠くにいる者は、南京は例外である、——と思ってしまいます。——もし、貴方が南京一市に固執すれば、叙述の大部分は我々の史料に基づくものとなり、その結果、個人や施設に対する（日本側の）報復が増大することが懸念されます。それは具体的には、秘書長であるスマイス、副委員長であるミルズ（現在は委員長のラーベが去ってしまったので実質的な委員長）、そして最も頑強な金陵大学からのレポーターである私に対することを意味します」（筆者註　このため『戦争とは何か』の第五章から第八章まで即ちこの本の半分は、南京以外の日本軍占領地域での日本軍による戦争被害、暴力行為の叙述に費やされている）。

このようにベイツは「南京事件」がベイツたちアメリカ人がいたために起こったものであるとの見解の発生を怖れている。しかし、本書の「第三篇『南京事件』の報道」で明らかにしたとおり、日本軍がなにもしていない時期（十二月十三、十四日）に日本が行なったという残虐行為の詳細（ベイツレポート）をベイツは新聞記者たちに手渡し、これが「南京事件」報道の淵源となったのである。即ち「南京事件」はベイツが意図的に流した虚報に端を発しているのである。『戦争とは何か』という本も、その巻頭第一章において、この「ベイツレポート」を掲げており、それがこの『戦争とは何か』の基調報告であることを示している。それが単なる宣伝文書であることは明らかである。東中野教授は平成十五年四月号の『正論』誌上に台湾中国国民党の極秘文書によって、それが当初から中国側の宣伝文書として編纂されたことを明らかにされた。勿論南京における日本軍も筆者が体験した米国軍による「レイプ・オブ・本牧」程度のことは占領軍の常として行なったであろう事は否定できないかも知れない。それを針小棒大に「南京事件」にまで仕立て上げたのはベイツを始めとする外国人たちであった。彼等がどのようにして、また何故そうしたかを本第四篇は示した。

南京事件の核心はそれが宣伝のための虚報であるということである。

結語

これまで述べてきたように、「南京事件」は虚構の上に成り立っている。しかし隣国の中国は何時までも、この虚構を種に、我が国を非難し続けている。また我が国内にはこの隣国の動きに呼応し、これに同調し日本の近現代史を糾弾して、それにより利益を収めようとする人々がいる。この状態はいつまで続くのであろうか。残念ながらまだ当分続くものと思われる。その原因は次のようである。

まず中国側の事情から見よう。十九世紀末から、中国は我が国に三度敗北を喫している。一つは日清戦争である。二つ目は日中戦争である。中国は連合国の一員で戦勝国側に属するが、日本側でも、中国側でも、中国が日本に勝ったとは誰も思っていない。だから日本は中国を侵略したというのである。戦勝国は自分の国を「侵略された」などとは言わない。日本人もまた日本が負けたのはアメリカに対してであって、中国に負けたのではないと思っている。三つ目は戦後の経済発展競争である。ここでも中国は日本の後塵を拝し、中国の国民所得は一時は日本の六分の一で、その後やや盛り返したが、まだ四分の一にしか過ぎない。人口は日本の十倍であるから、一人あたりの国民所得は日本の四十分の一しかない。

この三つの敗北は何れも為政者の国を導く方策の失敗によるものであって、国民にたいして説明がつかない。かつて自分たちの属国と見なしてきた国に、この百年にわたって苦杯を喫してきたのである。特に最後の経済競争の敗北は、現政権の創始者などの失敗によるものであって、その継承者として、現政権はそのまま認めることのできないものである。そこで彼等が対策として講じてきたのは、「南京事件」を中心として、日本人を鬼の如き悪逆のもの（日本人鬼子）として、道徳的に卑しめることであった。これによって国内の求心力を高め、外交上の切り札としたのである。敗戦直後、日本が破滅に瀕し、「国破れて山河あり」「この国の空を飛ぶとき悲しめよ南に向ふ雨夜かりがね」（斎藤茂吉）という状態であったときは、中国はこの種の事は何も言わなかった。その後、日本の経済が非常な発展を遂げ、見る間に世界第二の経済大国になるに及んで、中国の日本人悪者論が始まったのである。これは一種の嫉妬の現われである。中国は一種の「貧乏人の子沢山」とも言うべき状態にあるが、その一家の主が、子供達を集めて「隣のうちはお大尽だが、昔は大泥棒だった」といい、己の不甲斐なさを糊塗しようとするのに似ている。考えようによっては、この非難は成功者が支払うべき税金のようなものであって、むしろ喜ぶべき事であるかも知れない。終戦直後の頃のように、日本が苦難の淵に沈んでいるならば、誰も相手にしないであろう。空を飛ぶ雁に同情を求めるしかないのである。いまは人がうらやむほどの国になったと喜ぶべき事だとして、この中国の態度を一笑に付すべきものであるかも知れない。

近年中国はめざましい経済発展を遂げている。中国政権も多少自信を取り戻したのと、日本は向上した中国の経済にとって良き輸出市場となっている。今や日本はアメリカとともに、一、二を争う中国製品のはけ口となっている。日本は中国の顧客なのである。拉致問題、イラク問題で、中国は両国にたいして、微妙な気遣いをしている。

しかし中国の経済発展には二つの大きな制約がある。一つは中国の経済発展は自国が貧乏であることを前提にしているということである。中国は「貧乏を輸出している」のである。中国人は貧しい。だから安い労働力が武器となる。そして安い製品を輸出できる。これが中国経済発展の鍵である。中国人が豊かになり、労働力が高く付くようになれば、中国製品の国際競争力は落ちてくる。そこに中国のジレンマがある。次に、中国人の一人一人が日本人と同じくらい豊かな状態になることは不可能である。現在中国の国内総生産は日本の四分の一の一兆ドルである。人口が十倍であるから、中国人の一人あたり国民所得を日本と同じにするには、中国の国内総生産は四十兆ドルにならなければならない。これは現在の全世界の総生産とほぼ等しい。即ち、資源の上から見て、中国はもう一つの地球を必要とするのである。現在中国は「貧乏」を輸出して、世界の各国産業と摩擦を起こしつつある。フィリピンの靴産業は壊滅的打撃を蒙っている。東南アジアの諸国にもその傾向が出てきている。日本の三条、燕の洋食器産業、農業も、手痛い打撃を蒙っている。このような摩擦の他に、中国は資源を巡る争いでも、難しい局面を迎えることになる。その経済発展はそう順調には行かないであろう。中国にとって「南京事件」はまだまだ利用価値のある外交上の切り札であり続けそうである。ただ従来よりは緩和された形となるものと思われる。

この中国の態度に同調して、中国にすり寄り、自己の勢力を維持しようとする我が国内の諸勢力は、拉致問題以来劣勢を深め、一層その立場を守ることに勢力を費やすであろう。これらの人々の我が国の国民性を劣化させる影響は計り知れないものがある。まだまだ我々の戦いは続きそうである。

〈追記〉

本書の統計は東中野修道編著『南京「虐殺」研究の最前線　平成十四年版』所収の拙論「データベースによる『南京事件』の解明」の数字と若干異なっているところがある。

たとえば、『安全地帯の記録』の殺人事件の件数は、前論文では二十七件となっているが、本書では二十六件となっている。これは、英語の「shot」を「射殺」と解釈するか、あるいは単に「射った」と解釈するかは、前後の文脈によるのであるが、それを再考した結果である。

南京のキリスト

（「南京大虐殺」は中国では神話のようなものとされている。この神話を突き崩すには、以上のような理論的な究明も必要であるが、以下のような笑話は如何であろうか）

ダンスをしながら『ノーと言える中国』の著者張蔵蔵は日本人女性に語りかけた。

「日本が中国を侵略したとき、南京ではどれくらいの中国人が殺されたか知っていますか」

彼女はちょっといらだってこう返して来た。

「どう言う意味ですか」

私は静かに笑い、続けて、「三十万だよ、南京が空っぽになるくらい」

（以上『ノーと言える中国』一〇三頁より。以下は私が笑話としてつけくわえたもの）

ややあって、彼女は頭を挙げて言った。

「空っぽになった虐殺後の人口はどの位になったのですか」「…………」

「前と一寸も変わらないですってね。不思議ですね。どうしてこの不思議が起こったか、教えて差し上げましょうか」「………」

彼女は静かに笑い、続けた。

「クリスマスの日に、キリストがクリスマスプレゼントに死んだ人を憐れんで全部復活なさったからですわ」

データベース『南京事件のすべて』購入のお奨め

本書の基礎になったデータベース『南京事件のすべて』をおわけしますので、ご希望の方は展転社までお申し込み下さい。次頁に見本をお示しします。これは第三十三聯隊の南京における動静を示すもので、その「南京事件」に対するアリバイを証するものです。全部で約三一〇頁、本書の項目順に配列されています。

※頒価
二、〇〇〇円（税込み・送料別）　送料は一冊につき三四〇円。
※お申し込み方法
書店では販売いたしませんので、直接お申込みください。電話・ファックス・電子メール等で御住所・御名前・電話番号をお知らせいただければ、郵便振替用紙を同封して一ヶ月以内にお送りいたします。また左記の郵便局口座にお振り込みいただいて注文することもできます。

〒一一三−〇〇三三
東京都文京区本郷一−二八−三六−三〇一
株式会社　展転社
電話〇三（三八一五）〇七二一
FAX〇三（三八一五）〇七八六
電子メール　book@tendensha.co.jp
郵便振込口座　東京〇〇一四〇−六−七九九九二

1−5 南京の日本軍 1.ロ 各部隊「日本側文献」3 第33聯隊 1

南京事件の諸相

平成14年11月20日

事件番号	発生日	推定	27件 予備による分類 摘要	報告者	典拠	予備
86.2	37/12/13		歩33 I 大隊は紅山方面で作戦，主力の下関進出を援護.	南京戦史	135	1.1攻略分担
153.1	37/12/13		歩33 I 大隊は早朝紅山を攻略、歩38の下関地区進出を容易ならしめた	南京戦史	135	1.1
153.2	37/12/13		歩33主力は玄武湖東側を経て午前10時旅団に復帰した.	南京戦史	135	1.2
156.1	37/12/13		歩33−6中は太平門附近を守備、場内からの敗残兵の混乱する所を千数百の中国兵を撃滅した.	南京戦史	135	1.2
315.4	37/12/13		歩33は紫金山より逐次西山の峯峯を占領した．西山にて	16師木佐木参謀記	135.1	1.2
495.1	37/12/13		歩33の6中工兵1小隊は大平門を9時占領。	歩33南京付近詳報	135.1	1.2
90.1	37/12/13		歩33主力は午後2.30下関に達し2時間ほど揚子江を逃れる敵を射撃．一部は太平門を占拠した	南京戦史	135	1.3下関へ
156.2	37/12/13		歩33主力は午後2時30分先頭をもって下関に達し、逃走中の中国兵を揚子江上にて2千余撃滅した	南京戦史	135	1.3
160.1	37/12/13		歩33は午後2.30揚子江上の敵を重火器で約1時間銃撃．その数千、二千、一般住民の混入は考えられない	平井歩33通信班長	135	1.3
271.2	37/12/13		歩33の1部は午前10時下関に突進江岸江上の敵に1万5千の弾を打った．連隊長は追及して大隊と共に北門付近に達した	佐々木私記	135.1	1.3
495.2	37/12/13		歩33主力（II III大隊）両側部落の敗残兵を掃討前進,14.30先頭は下関に達し、江上の敵を殲滅す（2千を下らず）	歩33南京附近詳報	135.1	1.3

156.4	37/12/13		13日夜、歩33は下関に露営。	南京戦史	135	1.4下関宿営
411.1	37/12/13		歩33は13日夜は廃墟の下関で露営した.	歩33聯隊史	155.01	1.4
154.2	37/12/14		30旅団命令12.14;歩33は金川門以西中山北路沿いの三角地帯、獅子山を担当し、支那兵を撃滅すべし.	南京戦史	135	2 14日の掃討
157.2	37/12/14		歩33のⅠおよびⅢ大隊は下関地区の掃討を開始.	南京戦史	135	2
497.1	37/12/14		戦闘参加人員;33聯隊本部111(行李など99), Ⅱ大隊931(41), Ⅲ大隊717(41>, 聯隊砲中隊176, 速射砲中隊100(5)	戦史資1	135.1	2
411.2	37/12/14		歩33のⅠ、Ⅲ大隊2中は下関地区を掃討。	歩33聯隊史	155.01	2
157.1	37/12/14		歩33Ⅱ大隊は城内西北角一帯を掃討、獅子山砲台では約200人の敗残兵に遭遇、投降させた	南京戦史	135	2.1城内進入組
160.2	37/12/14		14日朝宿営地(城外獅子山附近)を出、北門を経, 中山北路より太平路に前進、南京市政府地区に宿営、残敵に遭遇せず.	平井歩33通信班長	135	2.1
160.5	37/12/14		獅子山附近で敗残兵140－150を見つけ、襲いかかって殺した。銃を捨てても手榴弾を持っているので危険だ	島田歩33中隊長	135	2.1
161.1	37/12/14		14日夕刻私達は城内に入り、市役所に集結した市内には殆ど死体を見ず、本当に静かなものでした (Ⅱ大隊と行動を共にす)	羽田歩33一等兵	135	2.1
411.3	37/12/14		歩33Ⅱ大隊は城内北東部一帯を掃討。獅子山にて武器を捨て便衣着用の残敵に遭遇、2－300人投降す	歩33聯隊史	155.01	2.1
157.3	37/12/16		歩33は16日以降も, その一部を以って和平門, 下関地区の城外掃討を実施した.	南京戦史	135	3城内外掃討

411.4	37/12/17		歩33は城内外の掃討。	歩33聯隊中	155.01	3
415.1	37/12/22		12.21の新配備により、歩33Ⅰ大隊とⅡ大隊は下関より進出、城内を警備	歩33聯隊中	155.01	4新配置
415,2	37/12/22		12.21の新配備により、歩33Ⅲ大隊は南京南方約30キロの江寧鎮を守備	歩33聯隊中	155.01	4
422.1	37/12/26		歩33は南京市政府の庁舎に聯隊本部を置き、城内南部地区の警備を担当した。（北部は歩38）	歩33聯隊中	155.01	4

データベースを印刷した表（以下アウトプットという）の説明

（『南京事件のすべて』の凡例より）

1　左上の表示

アウトプットの左上には「2―3―1殺人　ハ殺人人数の記事」のような表示がある。これはこのアウトプットが第2篇第3章第1節であることを示し、その内容が「殺人」でかつそのうち「ハの殺人人数の記事」であることを示している。

その下に「全外国文献」とあれば、このデータが「日本側文献」を除いたすべての外国文献の「殺人人数」にかんする記事を網羅していることを示している。「全外国文献」でなく単に「外国文献」とあれば「中国報道」「中国著作」を除いた外国文献を網羅しているものである。その下に「46件　典拠別」の如くあれば、この記事が46件ありそれが典拠別に配列されていることを示している。

これらの記事の左横に１とか２との数字が示されているのは、この項目のアウトプットの頁数である。

２　以上の表示の横に大きな太い字で「南京事件の諸相」または「南京事件の事例」という表示が各項目の最初の頁だけに表示されている。

３　その横に年月日が表示されているのはこのアウトプットの印刷の年月日である。

４　事件番号　例えば　106.2.50　とあれば最初の二つの数字のうち106はその文献の頁数を表わし、つぎの　２　は同じ頁に記事がたくさんあるときの枝番号を示している。最後の　50はアメリカ関係資料編の如く原本にパラグラフ番号があるときのパラグラフ番号である。アメリカ関係資料編は第２篇で改めて１からパラグラフ番号を付け始めているので第２篇の１番は201とした。以下これに準じる。

但し、「南京事件の事例」のうち「安全地帯の記録」の事例については以上と異なり、16.1.28とあれば最初の16は「安全地帯の記録」の事件番号であり、次の１は同じ事件番号に複数の事件がある時の枝番号であり、最後の28が頁数である。

５　時間　事件の発生時間を示す。1659は夕方、2359は夜を示す。

６　推定　「１推」は発生日が筆者の推定によっていることを示す。

7　城内、城内のコード番号が示されていることがあるが、記事を見れば分るので、説明を省略する。

8　兵民の区別がコード番号で示されていることがあるが、7は民間人、8は兵士、9は兵民混合を示す。

9　典拠の欄の　135は「戦史」、135.1は「戦史資1」、135.2は「戦史資2」である。

10　データは各欄ともに、何行でも記入できるが、アウトプットして印刷できるのは2行だけである。そこで各欄とも原則として2行までの記入に止めた。しかし「諸相」の「摘要」の欄はまれに3行目まではみだしているものがある。この分は印刷されないので、後から手書きで補ってある。

付　被害事例の日計表

南京事件の各種不法行為の文献別日計表
全被害項目

件数

全項目	安全記録	米国篇	ヴォー日記	ラーベ日記	計
12月12日以前	0	3	0	1	4
12月13日	5	6	5	10	26
12月14日	10	8	7	0	25
12月15日	23	9	10	6	48
12月16日	27	12	6	6	51
12月17日	39	9	9	3	60
12月18日	33	13	2	10	58
12月19日	22	7	3	6	38
12月20日	20	10	3	2	35
12月21日	9	16	4	3	32
12月22日	3	9	2	3	17
12月23日	6	1	1	6	14
12月24日	3	5	0	2	10
12月25日	12	1	0	0	13
12月26日	1	13	1	1	16
12月27日	3	4	1	3	11
12月28日	1	2	1	2	6
12月29日	0	6	2	0	8
12月30日	1	12	0	0	13
12月31日	1	3	1	1	6
1月1日	6	5	2	2	15
1月2日	4	4	2	3	13

被害事例の日計表

全項目	安全記録	米国篇	ヴォー日記	ラーベ日記	計
1月3日	2	10	0	1	13
1月4日	0	0	1	1	2
1月5日	0	0	0	1	1
1月7日	1	2	1	3	7
1月8日	3	3	0	2	8
1月9日	5	6	0	4	15
1月10日	0	4	1	0	5
1月11日	3	3	0	0	6
1月12日	1	2	0	0	3
1月13日	0	2	0	0	2
1月14日	2	6	1	0	9
1月15日	2	2	2	0	6
1月16日	2	2	0	0	4
1月17日	2	1	0	0	3
1月18日	1	2	0	1	4
1月19日	1	0	0	0	1
1月20日	6	0	1	1	8
1月21日	1	0	1	0	2
1月22日	1	3	0	1	5
1月23日	1	2	0	0	3
1月24日	0	5	5	2	12
1月25日	2	4	0	2	8
1月26日	0	3	1	0	4
1月27日	5	1	0	1	7
1月28日	26	0	0	0	26

1月29日	55	0	0	1	56
1月30日	47	0	0	1	48
1月31日	27	0	0	1	28
2月1日	22	0	6	0	28
2月2日	24	1	1	0	26
2月3日	14	2	0	3	19
2月4日	6	0	1	0	7
2月5日	13	0	0	0	13
2月6日	5	0	0	0	5
2月7日	3	0	1	2	6
2月8日	0	0	1	1	2
2月9日	0	0	2	0	2
2月10日	0	0	0	0	0
2月11日	3	0	0	1	4
2月12日	2	0	1	0	3
2月13日以降	0	24	21	0	45
計	517	248	110	100	975

殺人事件の日計表

件数

殺　人	安全記録	米国篇	ヴォー日記	ラーベ日記	計
12月12日以前	0	1	0	0	1
12月13日	0	2	1	0	3
12月14日	1	2	1	0	4
12月15日	4	1	1	2	8
12月16日	0	4	1	2	7
12月17日	2	2	0	0	4
12月18日	5	2	0	2	9

被害事例の日計表

殺　人	安全記録	米国篇	ヴォー日記	ラーベ日記	計
12月19日	1	0	0	0	1
12月20日	0	1	1	0	2
12月21日	0	1	1	0	2
12月22日	0	0	2	0	2
12月23日	0	0	0	0	0
12月24日	0	1	0	0	1
12月25日	0	1	0	0	1
12月26日	0	0	1	0	1
12月27日	0	0	0	2	2
12月28日	0	0	0	1	1
12月29日	0	0	0	0	0
12月30日	0	2	0	0	2
12月31日	0	0	0	0	0
1月1日	0	0	0	0	0
1月2日	1	1	0	1	3
1月3日	0	3	0	0	3
1月4日	0	0	0	0	0
1月5日	0	0	0	0	0
1月6日	0	0	0	0	0
1月7日	0	1	0	2	3
1月8日	0	0	0	0	0
1月9日	1	1	0	1	3
1月10日	0	1	0	0	1
1月11日	1	0	0	0	1
1月12日	1	0	0	0	1

1月17日	1	0	0	0	1
1月18日	0	0	0	0	0
1月19日	0	0	0	0	0
1月20日	1	0	0	1	2
1月21日	0	0	1	0	1
1月22日	1	0	0	1	2
1月23日	0	0	0	0	0
1月24日	0	0	0	0	0
1月25日	1	0	0	1	2
1月26日	0	0	0	0	0
1月27日	0	0	0	0	0
1月28日	1	0	0	0	1
1月29日	1	0	0	1	2
1月31日	2	0	0	0	2
2月3日	0	1	0	2	3
2月4日	0	0	0	0	0
2月5日	0	0	0	0	0
2月6日	1	0	0	0	1
2月7日	0	0	0	2	2
2月8日	0	0	0	1	1
2月9日	0	0	0	0	0
2月10日	0	0	0	0	0
2月11日	0	0	0	1	1
2月12日	0	0	0	0	0
2月13日以降	0	3	4	0	7
計	26	31	14	23	94

強姦事例の日計表

件数

強　姦	安全記録	米国篇	ヴォー日記	ラーベ日記	計
12月12日以前	0	0	0	1	1
12月13日	1	0	0	0	1
12月14日	4	0	0	0	4
12月15日	5	3	1	0	9
12月16日	6	1	0	2	9
12月17日	15	3	0	1	19
12月18日	8	5	0	3	16
12月19日	6	4	1	2	13
12月20日	9	4	0	0	13
12月21日	2	2	1	0	5
12月22日	2	0	0	0	2
12月23日	1	0	0	0	1
12月25日	4	0	0	0	4
12月26日	1	5	0	0	6
12月27日	1	0	0	0	1
12月28日	1	0	0	0	1
12月29日	0	1	1	0	2
12月30日	0	1	0	0	1
12月31日	0	2	0	0	2
1月1日	4	3	0	0	7
1月2日	1	0	0	0	1
1月3日	2	4	0	0	6
1月4日	0	0	1	0	1
1月7日	0	1	0	0	1

1月8日	3	0	0	0	3
1月9日	1	1	0	0	2
1月10日	0	0	1	0	1
1月14日	1	0	0	0	1
1月16日	2	0	0	0	2
1月20日	1	0	0	0	1
1月21日	1	0	0	0	1
1月24日	0	3	0	0	3
1月25日	1	0	0	0	1
1月27日	2	0	0	0	2
1月28日	8	0	0	0	8
1月29日	21	0	0	0	21
1月30日	23	0	0	0	23
1月31日	7	0	0	1	8
2月1日	4	0	2	0	6
2月2日	6	1	0	0	7
2月3日	8	0	0	1	9
2月4日	2	0	0	0	2
2月6日	1	0	0	0	1
2月7日	2	0	0	0	2
2月8日	0	0	1	0	1
2月9日	0	0	1	0	1
2月11日	2	0	0	0	2
2月12日	1	0	0	0	1
2月13日以降	0	3	0	0	3
計	175	47	10	11	243

略奪事例の日計表

件数

掠　奪	安全記録	米国篇	ヴォー日記	ラーベ日記	計
12月13日	2			6	8
12月14日	3	3	1	0	7
12月15日	5	1	2	1	9
12月16日	9	0	1	1	11
12月17日	8	1	2	0	11
12月18日	14	2	0	3	19
12月19日	4	1	1	1	7
12月20日	9	0	1	0	10
12月21日	2	6	1	0	9
12月22日		2			2
12月23日	1		1		2
12月24日	1	2			3
12月25日	4				4
12月26日		3			3
12月27日	1		1		2
12月29日		2			2
12月31日	1				1
1月2日	1	1			2
1月7日			1		1
1月8日				2	2
1月9日		1		2	3
1月11日		1			1
1月14日	1	1	1		3
1月15日			1		1

1月18日	1			1	2
1月20日	1		1		2
1月24日			1		1
1月27日	1				1
1月28日	6				6
1月29日	14				14
1月30日	9				9
1月31日	8				8
2月1日	12		3		15
2月2日	7				7
2月3日	3				3
2月4日			1		1
2月5日	2				2
2月7日			1		1
2月12日	1				1
2月13日以降		2	3		5
計	131	29	24	17	201

放火、破壊の事例の日計表

件数

放　火	安全記録	米国篇	ヴォー日記	ラーベ日記	計
12月15日		1			1
12月19日	2	1		2	5
12月20日		1		2	3
12月21日		2		2	4
12月22日		1		1	2
12月23日				2	2

被害事例の日計表

放　火	安全記録	米国篇	ヴォー日記	ラーベ日記	計
12月27日				1	1
12月31日			1		1
1月2日				1	1
1月3日				1	1
1月4日				1	1
1月5日				1	1
1月9日				1	1
1月15日	1				1
1月22日		1			1
1月26日			1		1
1月28日	1				1
1月29日	1				1
2月1日			1		1
2月2日			1		1
2月12日					
2月13日以降		2	1	0	3
計	5	9	5	15	34

拉致の事例の日計表

件数

拉　致	安全記録	米国篇	ヴォー日記	ラーベ日記	計
12月13日	1		2	3	6
12月14日	1		2		3
12月15日	1	2	5	2	10
12月16日	5		4		9
12月17日	9		3		12
12月18日	2				2

12月19日	3				3
12月20日	1	1	1		3
12月21日	1	2	1		4
12月22日		1			1
12月23日	3	1			4
12月24日	1				1
12月25日	1				1
12月26日		1			1
12月27日	1	1	1		3
12月28日		1			1
12月29日		2	1		3
12月30日	1	7			8
12月31日		1		1	2
1月1日		1	1		2
1月2日		2			2
1月3日		1			1
1月8日		2			2
1月9日	1	1			2
1月11日	1	2			3
1月12日		1			1
1月13日		1			1
1月15日			1		1
1月20日	1				1
1月22日		1			1
1月23日	1				1
1月24日			3	1	4

被害事例の日計表

拉　致	安全記録	米国篇	ヴォー日記	ラーベ日記	計
1月28日	1				1
1月29日	2				2
1月30日	3			1	4
1月31日	1				1
2月1日	1				1
2月13日以降		2	3		5
計	43	34	28	8	113

傷害の事例の日計表

件数

傷　害	安全記録	米国篇	ヴォー日記	ラーベ日記	計
12月12日以前		2			2
12月13日	1	4		1	6
12月14日		2			2
12月15日	5	1			6
12月16日	2	5		1	8
12月17日	2	2	2		6
12月18日	1	3			4
12月19日	3	1			4
12月20日		1			1
12月22日	1	1		2	4
12月23日	1			1	2
12月24日		1		2	3
12月26日				1	1
12月30日		1			1
1月1日	1	1			2
1月2日	1		2		3

1月3日		2			2
1月7日	1				1
1月9日	1				1
1月10日		1			1
1月11日	1				1
1月12日		1			1
1月13日		1			1
1月14日		4			4
1月15日	1	2			3
1月20日	1				1
1月22日		1			1
1月23日		1			1
1月24日		1			1
1月25日		1			1
1月26日		1			1
1月27日		1		1	2
1月28日	2				2
1月29日	2				2
1月30日	2				2
1月31日	3				3
2月2日	2				2
2月3日	2	1			3
2月4日	1				1
2月5日	2				2
2月6日	1				1
2月13日以降		4	1		5

被害事例の日計表

傷　害	安全記録	米国篇	ヴォー日記	ラーベ日記	計
計	40	47	5	9	101

侵入の事例の日計表

件数

侵　入	安全記録	米国篇	ヴォー日記	ラーベ日記	計
12月12日以前					
12月13日			1		1
12月14日	1		3		4
12月15日	2			1	3
12月16日	3	1			4
12月17日	3	1		2	6
12月18日	2			2	4
12月19日	3		1	1	5
12月21日	2	2			4
12月22日		3			3
12月23日				3	3
12月24日		1			1
12月26日		1			1
12月27日		1			1
12月28日			1	1	2
12月29日		1			1
1月1日			1		1
1月2日				1	1
1月7日				1	1
1月9日		1			1
1月10日		1			1
1月14日		1			1

1月20日	1				1
1月24日		1	1		2
1月25日		2			2
1月26日		2			2
1月28日	2				2
1月31日	1				1
2月1日	1				1
2月2日	3				3
2月9日			1		1
2月13日以降		1	2		3
計	24	20	11	12	67

「その他」の事例の日計表

件数

「その他」	安全記録	米国篇	ヴォー日記	ラーベ日記	計
12月13日			1		1
12月14日		1			1
12月15日	2		1		3
12月16日	2	2			4
12月17日			2		2
12月18日	1	1	2		4
12月20日	1	2			3
12月21日	2	1		1	4
12月22日		1			1
12月24日	1				1
12月25日	3				3
12月26日		3			3

被害事例の日計表

「その他」	安全記録	米国篇	ヴォー日記	ラーベ日記	計
12月27日		2			2
12月28日		1			1
12月30日		1			1
1月1日	1			2	3
1月8日		1			1
1月9日	1	1			2
1月10日		1			1
1月16日		2			2
1月17日	1	1			2
1月18日		2			2
1月19日	1				1
1月23日		1			1
1月24日		1		1	2
1月25日		1		1	2
1月27日	2				2
1月28日	5				5
1月29日	14				14
1月30日	10				10
1月31日	5				5
2月1日	4				4
2月2日	6				6
2月3日	1				1
2月4日	3				3
2月5日	4				4
2月6日	2				2

2月7日	1				1
2月11日	1				1
2月12日			1		1
2月13日以降		5	6		11
計	74	31	13	5	123

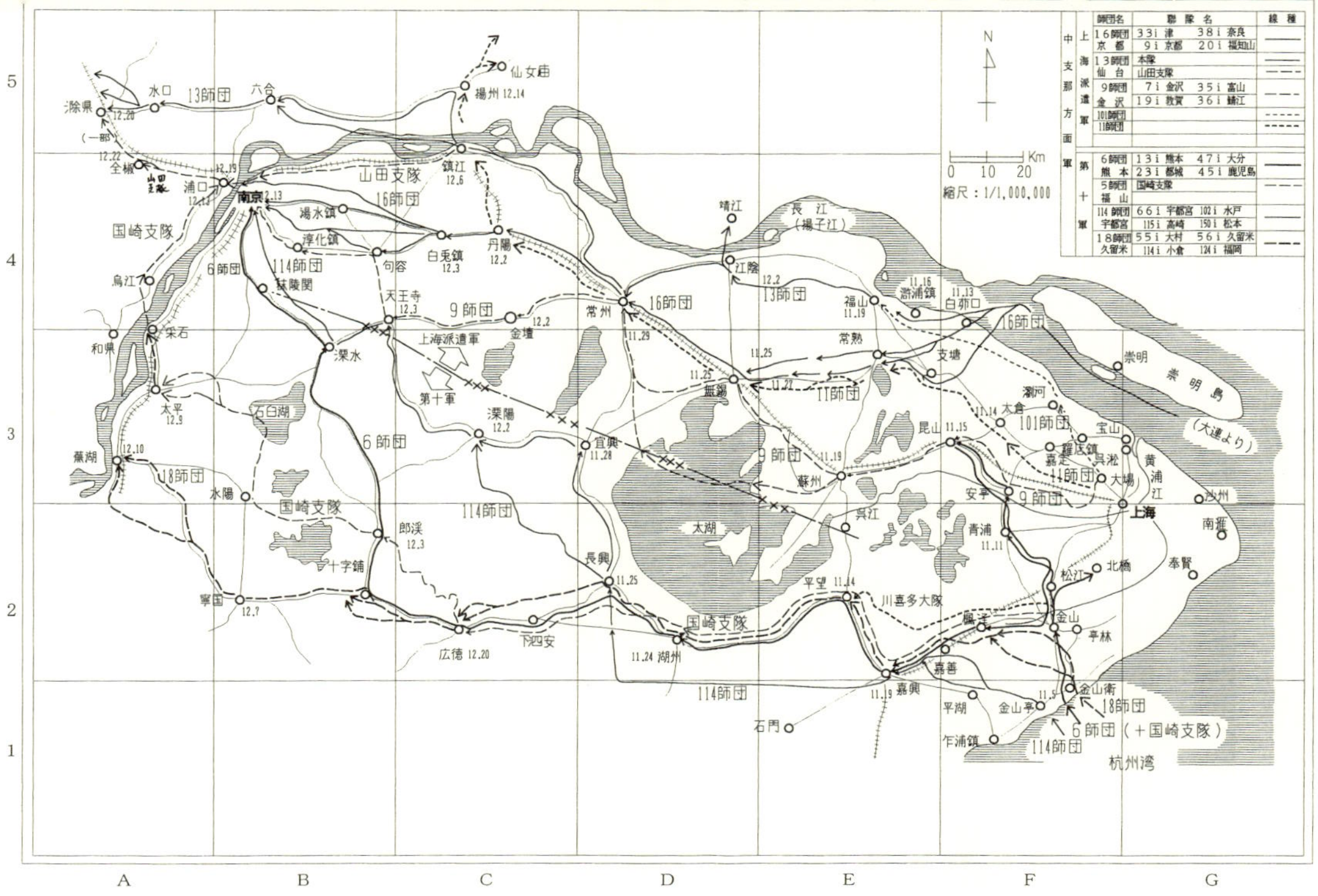
師団名 聯隊名 線種
中支那方面軍 上海派遣軍
16師団 京都 33i 津 38i 奈良 9i 京都 20i 福知山
13師団 仙台 本隊
山田支隊
9師団 金沢 7i 金沢 35i 富山 19i 敦賀 36i 鯖江
101師団
11師団
第十軍
6師団 熊本 13i 熊本 47i 大分 23i 都城 45i 鹿児島
5師団 福山 国崎支隊
114師団 宇都宮 66i 宇都宮 102i 水戸 115i 高崎 150i 松本
18師団 久留米 55i 大村 56i 久留米 114i 小倉 124i 福岡
N
0 10 20 Km
縮尺：1/1,000,000
A
B
C
D
E
F
G
1
2
3
4
5
滁県 12.20
水口
13師団
六合
揚州 12.14
仙女廟
(一部)
12.22 全椒
山田支隊
浦口 12.13
12.13
南京 12.13
鎮江 12.6
山田支隊
16師団
湯水鎮
淳化鎮
句容
白兎鎮 12.3
丹陽 12.2
国崎支隊
6師団
114師団
秣陵関
烏江
天王寺 12.3
9師団
金壇 12.2
常州
16師団
11.29
和県
采石
溧水
上海派遣軍
第十軍
太平 12.9
石臼湖
溧陽 12.2
蕪湖 12.10
18師団
水陽
国崎支隊
6師団
宜興 11.28
郎渓 12.3
114師団
十字鋪
長興 11.25
寧国 12.7
広徳 12.20
下泗安
11.24 湖州
国崎支隊
114師団
太湖
靖江
長江 (揚子江)
江陰 12.2
13師団
福山 11.19
滸浦鎮 11.16
白茆口 11.13
16師団
常熟
11.25
支塘
無錫 11.25
11.27
11師団
崇明
崇明島
(大連より)
瀏河
太倉 11.14
101師団
宝山
羅店鎮
嘉定
呉淞
11師団
大場
黄浦江
昆山 11.15
9師団
蘇州 11.19
呉江
安亭
9師団
上海
沙州
南匯
青浦 11.11
松江
北橋
奉賢
平望 11.14
川喜多大隊
楓涇
金山
亭林
嘉善
嘉興 11.19
平湖
金山衛
金山亭 11.5
18師団
6師団 (+国崎支隊)
114師団
乍浦鎮
杭州湾
石門

冨澤　繁信（とみさわ　しげのぶ）

大正15年（1926）２月３日横浜市生れ。

小学校は東条英機が自殺未遂後、収監されていた大鳥小学校。

昭和17年、神奈川県立横浜第一中学校を卒業後、第一高等学校文科入学。卒業後、東京大学文学部独逸文学科に入学。卒業後、東京大学経済学部経済学科に入学。

昭和26年、住友信託銀行入社。審査部長、経理部長、神戸支店長を経て取締役、常務取締役就任。退任後、住商リース副社長就任、昭和63年退任。

新しい歴史教科書を作る会に設立以来ボランティア奉仕し、組織委員長となる。

現在、南京事件研究会会員、日本「南京」学会理事事務局長。

著書論文
『「南京事件」発展史』展転社、平成19年。

『「南京安全地帯の記録」完訳と研究』展転社、平成16年。

南京事件の核心

平成十五年七月十五日　第一刷発行
平成十九年四月三日　第二刷発行

著　者　冨澤　繁信
発行人　藤本　隆之
発　行　展　転　社
〒113-0033　東京都文京区本郷1—28—36—301
TEL〇三（三八一五）〇七二一
FAX〇三（三八一五）〇七八六
振替〇〇一四〇—六—七九九九二

印刷　文昇堂
製本　誠製本

ISBN4-88656-236-1